Cordula Pflaum

mit Heidi Friedrich

»Guten Tag, hier spricht Ihre Kapitänin«

Von Höhenflügen, Vorurteilen und meinem Leben als Pilotin

W0236066

GOLDMANN

Penguin Random House Verlagsgruppe FSC® N001967

2. Auflage
Originalausgabe März 2024
Copyright © 2024: Wilhelm Goldmann Verlag, München,
in der Penguin Random House Verlagsgruppe GmbH,
Neumarkter Str. 28, 81673 München
Redaktion: Doreen Fröhlich
Illustrationen: Adobe Stock/Foxy Fox
Umschlag: Uno Werbeagentur, München
Coverfoto (U1): JungAdler GmbH
Fotos Umschlaginnenseiten (U2/U3): Markus Pflaum (Cockpit),
Robert Fischer (Schwarz-Weiß-Foto),
Jung Adler GmbH (vor Flugzeugturbine)
Satz: Satzwerk Huber, Germering
Druck und Bindung: GGP Media GmbH, Pößneck
Printed in Germany
KW · CB
ISBN 978-3-442-14302-3

www.goldmann-verlag.de

Meinen lieben Eltern und
meiner tapferen Schwester Carolin

Inhalt

1

Einfach losfliegen

Nur wenige Minuten trennten mich noch von dem schönsten Ort der Welt. Schon die ganze Woche über hatte ich mich sehnsüchtig darauf gefreut. Endlich wieder Donnerstag! Ich konnte es kaum erwarten. Doch so gern ich auch die Klänge meiner Finger auf den Tasten hörte, der Klavierunterricht war für mich nur deshalb so schön, weil meine Lehrerin noch näher am Flugplatz Ganderkesee wohnte als wir. Jede Woche die gleiche Bitte an meine Mutter, die mich mit dem Auto dorthin brachte: »Können wir auf dem Heimweg kurz anhalten? Ich möchte so gerne den Flugzeugen zuschauen!« Ich drückte mir auf dem Rücksitz unseres alten bordeauxfarbenen BMW die Nase an der Fensterscheibe platt, um ja nichts zu verpassen. Einem eingespielten Ritual folgend, fuhr meine Mutter jedes Mal, nachdem sie mich abgeholt hatte, in eine kleine Abfahrt in Sichtweite des Rollfelds und ließ mich gewähren. Wir stiegen aus, und meine Mutter legte ihren Arm um mich, während meine Augen konzentriert den Flugzeugen folgten, wie sie starteten und landeten. Wie konnten diese schweren Maschinen nur abheben? Und wie war es möglich, dass sie sich überhaupt in der Luft hielten, warum fielen sie nicht einfach vom Himmel wieder herunter? Wie musste das da oben zwischen den Wolken aussehen? Es war nicht das Fernweh, das mich gebannt das Geschehen am Himmel verfolgen ließ, wenngleich mich auch die scheinbare Grenzenlosigkeit des Fliegens staunen ließ. Ich fragte mich auch nicht, wohin die Piloten wohl flogen. Von Anfang an fesselte mich stattdessen die Faszination davon, wozu Menschen fähig sind, welche technischen Möglichkeiten sie schaffen können.

Meist wurde meine Mutter nach viel zu kurzer Zeit ungeduldig und zog mich sanft wieder Richtung Auto: »Komm, Cordula, wir müssen heim.« Ich wollte aber noch nicht gehen und blieb jedes Mal aufs Neue entschieden, fast trotzig stehen. Ich wollte weiter dem ansteigenden Brummen der Motoren zuhören, wenn die Amplituden der Propeller immer stärker wurden. Erst das ganz leise Surren beim Starten, der Ton, der immer höher wurde und höher und dann wieder leiser, während die kleinen Flugzeuge abhoben und ihrer Wege flogen. Am Boden meinte ich die Vibrationen, die sie in der Luft ankurbelten, regelrecht spüren zu können. »Nur noch ein paar Minuten! Bitte!« Ich hätte noch den ganzen Tag dort stehen bleiben und mich in den Himmel träumen können. Nichts wäre schöner gewesen. Als Zehnjährige hatte ich damals keine konkreten Vorstellungen von dem Beruf einer Pilotin. Aber ich hatte es mir in diesen ganz besonderen Nachmittagen bereits in den Kopf gesetzt: **Mein größter Wunsch war es, eines Tages selbst zu fliegen.**

Meine frühe Kindheit in Ganderkesee in der Nähe von Bremen zu verbringen erwies sich als schicksalshaft. Auf der einen Seite der Flugplatz fast vor der Haustür und in der Hansestadt Bremen die Verkehrsfliegerschule der Lufthansa zum Greifen nah. Keine andere Verortung hätte besser zu mir passen können. Und zu meinem Vater, der selbst Pilot hatte werden wollen, dem seine Sehkraft allerdings einen Strich durch die Rechnung gemacht hatte. Kurzsichtigkeit war für die Pilotenausbildung ein Knock-out-Kriterium. So musste er sich nach seinem VWL-Studium mit einem Verwaltungsjob bei der Lufthansa begnügen. Immerhin war er maßgeblich an der Vergabe der Organisationsabkürzungen für die Flughäfen in Deutschland beteiligt: FRA für Frankfurt, HAM für Hamburg, BRE für Bremen … Diese Kürzel stammen aus seiner Hand. Mein Vater war sehr stolz darauf, auf diese Weise etwas zum Flugverkehr beitragen zu können. Denn es war ihm sehr schwergefallen, auf seinen großen Traum vom Fliegen zu verzichten.

Wie oft hatte er meinen drei älteren Schwestern und mir von seiner Liebe zur Fliegerei erzählt, was ich immer superspannend fand. Er kannte all die alten Flugzeuge noch, die heute im Museum stehen. So war er als Passagier in der *Super Constellation* mitgeflogen, einem viermotorigen Langstreckenverkehrsflugzeug, mit dem die Lufthansa Mitte der Fünfzigerjahre den Transatlantikverkehr im großen Stil eröffnete. Wie verklärt driftete er in seinen Erinnerungen in eine Welt weit weg vom niedersächsischen Ganderkesee ab, wenn er die Ansagen der Kapitäne bei Turbulenzen nachahmte und wir vier Mädchen das Gefühl hatten, direkt hinter ihm auf seinem wohl spektakulärsten Flug von Hamburg nach Rio de Janeiro zu sitzen. Mein Vater hatte eine große Verehrung für Flugkapitäne, sie stellten eine unangefochtene Autorität für ihn dar. Und ich war von seinen Töchtern diejenige, die am meisten Interesse an seinen Geschichten zeigte und regelrecht an seinen Lippen hing, wenn er wieder einmal mit uns abhob. Was er uns vorträumte, wollte ich bestätigt sehen, und so blätterte ich alle möglichen Informationen, die ich aufschnappte, in der Schulbibliothek nach.

Eines Tages kam mein Vater von der Arbeit heim und sagte den schönsten Satz, den ich mir damals vorstellen konnte: »Wir werden am Samstag zusammen fliegen!« Ich sah ihn sprachlos an, zögerte einen Moment lang – ich musste die Nachricht erst begreifen – und sprang ihm dann voller Aufregung in die Arme. Ich ließ ihn die Details kaum ausführen, so aufgeregt war ich. Der Vater einer meiner Schulkameradinnen hatte uns eingeladen, in seiner *Cessna*, einem kleinen Propellerflugzeug, einen Rundflug mit ihm zu machen. Die wenigen Tage bis zum Wochenende schienen mir ewig zu dauern. Ich konnte es nicht erwarten. Endlich war der große Tag gekommen. Früh am Vormittag fuhr mein Vater mit mir zum Flugplatz. Als ich in das kleine Flugzeug stieg und zum ersten Mal in meinem Leben Richtung Himmel startete, war mein Berufswunsch endgültig besiegelt. Was für ein wunderbares Gefühl, von der Wucht des ansteigenden Drucks zurück in den Sitz gedrückt zu werden! Was für eine Aussicht! Endlich von oben nach unten zu blicken, die Welt zu unseren Füßen zu sehen, über allem zu schweben. Wie lange hatte ich mir diese Perspektive schon gewünscht! Als wir nach dem kurzen Flug wieder landeten, flog ich eigentlich immer noch weiter. Ich spürte den Boden unter meinen Füßen kaum. Wie gut, dass mich die Hand meines Vaters erdete. Ich glaube, auch er war an diesem Tag sehr glücklich. Noch lange zehrten wir beide von dieser wunderschönen Erfahrung.

Ab diesem Moment brannte ich immer mehr für die Fliegerei. Und erst recht, als ich, gerade mal neun Jahre alt, auf Einladung meiner Patentante ganz allein zu ihr von Bremen nach Stuttgart fliegen durfte. Meine Eltern waren bis dahin nur mit meinen älteren Schwestern geflogen, mit mir noch nie. Wenn wir verreisten, dann mit dem Auto. Als sogenanntes UM – ein unbegleitetes minderjähriges Kind – wurde ich von einer Angestellten des Bodenpersonals kurz vor Abflug zum Flugzeug geführt und wäre schon da fast über der Erde geschwebt, so aufregend war es. Das erste Mal in einem richtigen Flugzeug, mit echten Passagieren! Ich hatte einen Platz am Fenster – und nach der Ankunft eine platte Nase. Meine Begeisterung kannte keine Grenzen.

Meine Eltern ließen mir immer solche Freiheiten, im größten Vertrauen in meine Selbstständigkeit. Auch in schwierigen Situationen trauten sie mir zu, selbst eine Lösung zu finden. Wenn andere Mütter bei einer Streiterei unter Freundinnen gleich eingreifen wollten und schlichten, verwies meine Mutter mich darauf, dass ich das bestimmt auch selbst regeln könne. Sie hatte natürlich recht. Meine große Selbstsicherheit rührt sicher von diesem Grundvertrauen, das ich vermittelt bekam. Ich hatte zeitlebens ein gutes Verhältnis zu meinen Eltern, vielleicht das engste von uns Geschwistern. Meinen Vater konnte ich immer ganz leicht um den Finger wickeln, wenn ich etwas erreichen wollte. Meine Mutter war eher tough und nicht so leicht zu knacken. Aber als übermäßig streng könnte man unsere Erziehung nicht bezeichnen, weder vonseiten meines Vaters noch meiner Mutter. Es lief ja auch so alles gut. Wir Schwestern entwickelten uns jede auf ihre Weise prächtig, machten viel Sport und Musik. Ich hatte Unterricht in Klavier, Cello und Querflöte. Als großer Bach-Fan unterstützte mein Vater uns musikalisch in alle Richtungen. Es verging kein Tag, an dem nicht irgendeine Kantate aus seinem Arbeitszimmer zu hören war, wohin er sich zum Ausruhen gerne zurückzog. Er konnte auch nicht genug von Wind und Wetter bekommen – am liebsten im Sturm an der Nordsee. Die Liebe zum Wasser teilte ich als Einzige in der Familie mit meinem Vater. Auch zu segeln verschaffte mir Glücksgefühle.

Meine Eltern vermittelten uns stets das Gefühl, dass sie uns in Freiheit das machen ließen, was uns Spaß machte, wofür wir Interesse zeigten. »Es ist okay, geht los und entdeckt die Welt!«, das war ihr Erziehungscredo. Meine Kindheit und Jugend war dank meiner Eltern vielfältig, bunt und voller Möglichkeiten.

Mein Vater jedenfalls hätte alles dafür gegeben, selbst als Pilot arbeiten zu können. Doch sein Weg war eben ein anderer gewesen: Er stammte aus einer Pastorenfamilie in der Nähe von Tübingen, war der Älteste von vier Kindern. Als sein Vater, mein Großvater, im Krieg fiel, spürte er schon früh die Verantwortung, die auf ihm lastete. Es war wohl unausgesprochen, aber man erwartete von ihm, dass er so schnell wie möglich für seine Familie da sein musste, sich kümmern sollte. Meine Großmutter zog später mit einer Freundin zusammen, die ab da immer dabei war, ohne Wenn und Aber zur Familie gehörte. Ich fühlte mich bei den beiden immer sehr wohl.

Meine Mutter lernte meinen Vater an der Universität in Köln kennen, wo beide studierten. Mein Vater war nicht gerade ein Aufreißer. Würde er sich trauen, diese gut aussehende *grande dame*, die gerne selbstbewusst mit hochhackigen Schuhen durch die Unigebäude stolzierte, anzusprechen? Er traute sich. Und es funkte zwischen ihnen.

Meine Mutter stammte aus Dortmund, ihre Eltern hatten dort einen Lotto-Tante-Emma-Laden, der sozial und finanziell nicht gerade die Voraussetzung für ein Studium war zu jener Zeit. Und dann noch als Frau! Auch ihr Vater, der 20 Jahre älter war als ihre Mutter, war schon früh gestorben. Aber meine Mutter wusste, was sie wollte: Anwältin werden. Und das wurde sie auch. Doch zuerst gründeten meine Eltern eine Familie. Gemeinsam entschieden sie, in den Norden zu ziehen, als mein Vater dort eine neue Anstellung bei Nordmende, dem Elektronikhersteller, annahm.

Als meine drei Schwestern schon im Gymnasium waren und ich in die Grundschule kam, fing meine Mutter an, in Bremen in einer Kanzlei zu praktizieren. Ich erinnere mich an die gemütlichen frühen Nachmittage, wenn sie nach Hause kam und unsere Haushälterin ablöste, die für mich gekocht hatte. Meine Mutter ließ sich dann für gewöhnlich in ihren mit olivgrünem Cord bezogenen Lieblingssessel fallen, und ich schmiegt mich sofort wie ein Kätzchen an ihre Beine. Sie kraulte mich ein wenig im Nacken und strich mir liebevoll über den Kopf. So verweilten wir einige Zeit. Dann nahm sie für gewöhnlich ihre Akten auf den Schoß, sah abwechselnd zu mir hinunter, wenn ich ihr von der Schule erzählte und von dem, was mir durch den Kopf ging, und las dann wieder für ein paar Minuten in ihren Papieren. Während ich auf dem Boden spielte und die Mittagssonne durch das Fenster auf uns beide fiel, konnte das Leben nicht schöner sein. Das war so herrlich friedlich. Alles war im Lot. Doch diese Phase dauert leider nicht lange an.

Vieles änderte sich für unsere Familie, als mein Vater eine neue Position im Vorstand des Automobilzulieferers ZF in Friedrichshafen annahm und wir nach Ravensburg umzogen. Das war nicht lange nach dem aufregenden Flugerlebnis mit ihm, ich war gerade elf Jahre alt. Leider musste ich mich also von meinem geliebten Flughafen und seinen vertrauten Geräuschen verabschieden. Und nicht nur davon: Ich war auch traurig, meine Freundinnen verlassen zu müssen.

Meinem Vater schien seine neue Aufgabe im Personalwesen, der neue Wind um die Nase, zu gefallen. Er ging regelrecht darin auf. Er hatte eine ziemlich soziale Ader, die ein zweites Herz, wie er es immer nannte, in ihm zum Schlagen brachte. Er arbeitete sehr viel, kam aber meist gut gelaunt am Abend nach Hause. Meine Mutter hingegen musste sich in eine Rolle fügen, die ihr gar nicht lag, die zu erfüllen aber von ihr erwartetet wurde. »Als Vorstandsgattin werden Sie ja wohl kaum den jungen Leuten die Arbeit wegnehmen!«, bekam sie von den neuen Bekannten immer wieder zu hören. Sicherlich fühlte sie sich einerseits in ihrer gesellschaftlichen Stellung, die sie nun innehatte, wohl. Aber sie musste auch einen hohen Preis dafür zahlen, indem sie das nicht tat, was sich für sie nicht zu schicken schien. »Ich musste damals eine Wahl treffen«, sagte sie später einmal zu mir. Auch mein Vater hatte sie wohl nicht wirklich dabei unterstützt, weiterhin berufstätig zu sein. Ich kann mich nicht erinnern, dass sie darüber klagte, aber ich spürte, dass ihr etwas fehlte, dass sie zunehmend vereinsamte – vor allem, als wir Kinder eine nach der anderen aus dem Haus waren und die Kontakte nach außen sich auf den Rotary-Club und den Alpenverein beschränkten. Sie hatte auch eher ein zurückhaltendes Wesen. Sie erwähnte mir gegenüber damals öfter ein »leeres Gefühl«. Ihr fehlte die berufliche Erfüllung, der Ausgleich, das Leben jenseits von Haus und Kind. Sie war so gerne Anwältin gewesen. Ich merkte, wie sich meine Mutter veränderte. Ihr Enthusiasmus und ihre Lebensfreude waren nicht mehr wie früher, vor unserem Umzug. Sicher: Meine Mutter hatte an der Seite meines Vaters ein angenehmes Leben, aber gleichzeitig fehlte es ihr an Substanz in ihrem Alltag und an Selbstständigkeit. Das zu beobachten machte mich traurig. Ich hatte ja hautnah erlebt, wie sehr meine Mutter in ihrem Beruf aufgegangen, wie ausgeglichen und glücklich sie gewesen war, als sie regelmäßig in die Kanzlei nach Bremen fuhr. Zwar verstand ich damals nicht genau, was sie eigentlich als Anwältin tat, aber ich war so oder so stolz auf sie. Ab und zu hatte ich sie auch in ihrer Kanzlei besuchen dürfen. Allein mit dem Zug nach Bremen zu fahren war immer wie ein großes Abenteuer für mich gewesen. Doch nun waren diese aufregenden Zeiten vorbei – für uns beide. Und ich nahm mir schon als Kind fest vor: »So wie meiner Mutter wird es mir nicht ergehen!« Ich wollte auf jeden Fall – mit oder ohne Kinder – einen Beruf, der ganz meinen eigenen Wünschen entsprach, der mich ausfüllte und meinem Leben einen tieferen Sinn verlieh.

Ich glaube, dass meine drei älteren Schwestern die Gefühle meiner Mutter gar nicht so mitbekommen haben wie ich, weil sie früher aus dem Haus waren, ihre eigenen Wege gingen. Wir waren auch immer recht verschieden. Während zwei meiner Schwestern es über alles liebten zu reiten, und Pferde ihnen die Welt bedeuteten, interessierte ich mich immer mehr für Ballsportarten und Technik. Sie waren ja auch um einiges älter als ich und wussten ihren Platz in der Familienhierarchie zu behaupten. Das Fliegen ließ alle drei ziemlich kalt.

In unserer Familie diskutierte man immer gern und viel. Zwar bekam ich meinen Vater nur wenig zu Gesicht, weil er viel arbeitete, aber unsere gemeinsamen Abendessen zu

Hause und die Restaurantbesuche am Wochenende hatten einen rituellen Charakter. Jetzt konnte alles gesagt und erzählt und gefragt und kreuz und quer philosophiert werden. Es ging immer sehr lebendig zu. Und jeder durfte abwechselnd das Wort führen. Alle waren gleichberechtigt. Dabei kamen nicht nur persönliche Themen auf den Tisch, die uns als Familie betrafen. Wir sprachen auch über soziale Gerechtigkeit, Geschichte und Politik. Das fand ich immer am interessantesten.

In späteren Jahren wurde mein Vater nie müde, bei solchen Gelegenheiten immer wieder uns Kinder zu loben und seine Dankbarkeit und seinen Stolz auszudrücken, dass wir alle unser Leben so gut meisterten, dass wir gesund und lebenstüchtig seien. Auch ich war immer dankbar, solche Eltern gehabt zu haben. Sie stellten uns Kinder stets in den Mittelpunkt und begleiteten mit großem Interesse, wie wir unseren Weg gingen. Es ist ja nicht selten, dass man die Erziehung, die man genossen hat oder ertragen musste, als Erwachsener hinterfragt und es mit seinen eigenen Kindern vielleicht genau anders machen möchte und macht. Ich allerdings habe die Werte meiner Eltern größtenteils übernommen, weil sie mir zusagten: Immer das Selbstbewusstsein bekräftigen, Interesse und Offenheit für alles und alle, Respekt vor jedem Menschen, die Fähigkeit entwickeln, sich einzufügen, Netzwerke zu pflegen, anderen den Freiraum zu lassen zur individuellen Entwicklung …

Mit dieser Stärkung im Rücken konnte ich auch den Wechsel in eine neue Schule in einer komplett ungewohnten Umgebung meistern. Auch wenn es ein harter Bruch war, der sich anfangs grausam anfühlte, so versuchte ich das Beste daraus zu machen. »Hallo, ich bin Cordula, und ich komme aus Bremen.« Mit diesen Worten stand ich aufrecht vor meiner neuen Klasse am Gymnasium in Ravensburg. Mein selbstbewusster Neustart brachte meine Mitschüler zum Lachen. Wahrscheinlich auch, weil ich Hochdeutsch sprach. Die meisten anderen Kinder kannten ja nur Schwäbisch. Ich war also von Anfang an ein bunter Hund, die Cordula aus Bremen eben, über die man sich gerne lustig machte, indem man ihre Ausdrucksweise nachäffte. Aber das ließ mich nicht verzweifeln. Ich suchte proaktiv sofort nach Wegen, um mich zu integrieren – auch ohne Dialekt. Den brauchte ich eigentlich auch gar nicht. Ich war nämlich nie kompliziert im Umgang. Und so fand ich mit meiner aufgeschlossenen und zugewandten Art beim Handball und im Tennisverein schnell neue Freundinnen. Nach kürzester Zeit hatte ich meinen Stand in meiner *peer group* gefunden. In meiner Klasse hingegen mussten wir uns vor allem mit Jungs abgeben: Wir waren nämlich insgesamt nur drei Mädchen! Ganz schön heftig in dem Alter, aber für mich auch das kein Problem. Ich war immer eher etwas burschikos und kameradschaftlich orientiert und lernte meist mit Minimalaufwand auf den letzten Drücker. Auch der »Hans-Dampf-in-allen-Gassen« in mir kam bei den Jungs – aber auch den Mädchen – gut an.

Auch wenn der Umzug von Norden Richtung Bodensee nicht ganz ohne Tränen vonstattengegangen war, so merkte ich schnell, dass der Süden auch so einige Vorteile zu bieten hatte. Von Bremen aus zum Skifahren zu gehen bedeutete eine kleine Weltreise. Von Ravensburg ins Allgäu – ein Katzensprung. Es dauerte etwa ein Jahr, bis ich den Umzug sogar als Bereicherung empfinden konnte. Und heute weiß ich, dass er mich ein Stück weit resilienter und flexibler gemacht hat, denn ich musste lernen, mit einer neuen, zuerst schwierigen Situation umzugehen. Ich musste lernen, mich auf Neues einzulassen.

Und so ging es auch immer weiter. Neugierig zu sein und Neues auszuprobieren gehörte für mich zum Programm. Als ich in die zehnte Klasse kam, durfte ich – vermittelt über den Rotary-Club meines Vaters – zu einem Auslandsjahr in die USA gehen, nach Syracuse. Schon meine älteste Schwester hatte das Programm mitgemacht, und ich wollte es ihr unbedingt gleichtun. Mit einer Armada an Plüschtieren im Arm, die mir meine Freundinnen zum Abschied und zur Begleitung geschenkt hatten, erlebte ich meinen ersten Interkontinentalflug Richtung New York. Endlich wieder fliegen! Und dann auch noch so lange und über eine solche Strecke! Allerdings wurde es mir dann aber doch etwas mulmig: So ganz allein in Zeiten ohne FaceTime, Whatsapp, E-Mail oder Handy … Doch die Vorfreude überwog. Es war superaufregend, diesen Weg das erste Mal allein zu beschreiten. Ich flog ja ohne Begleitung und achtete genau auf die ganzen Abläufe, was wann passierte. Die Zeit in den USA prägte mich sehr: Die Menschen erschienen mir so viel positiver als zu Hause in Deutschland. Die Möglichkeiten wurden immer mehr hervorgehoben als die Schwierigkeiten oder Hindernisse. Auch der joviale, unkomplizierte Umgangston kam mir sehr entgegen. Ich fühlte mich rundum wohl und nutzte jede Gelegenheit, die amerikanische Lebensart kennenzulernen, wann immer ich konnte Pancakes mit Ahornsirup zu essen, Thanksgiving mitzufeiern, ins Autokino mitzufahren und natürlich Volleyball, Handball, Baseball, Basketball, einfach alle Sportarten, mitzumachen und mich auszutoben. Am Ende meines Austauschjahres machten alle 300 Austauschschüler eine fünfwöchige Rundreise durch die USA. Und als mein Gastvater hörte, ich wolle Pilotin werden, packte er mich ein, um mir den – für ihn größten – Flughafen vor Ort zu zeigen: DFW, den Dallas/Fort Worth International Airport. Dann schenkte er mir noch das Buch *How to become a pilot*. Das alles blieb mir immer in Erinnerung.

Während dieses Austauschjahrs musste ich jedoch leider auch miterleben, wie die *Challenger*-Mission 1986 tragisch scheiterte, als 73 Sekunden nach dem Start die Raumfähre zerbrach. Dabei kamen alle sieben Astronauten ums Leben, auch die beliebte Lehrerin Christa McAuliffe, die aus über 11 000 Bewerbern des »Lehrer-im-Weltraum-Programms« ausgewählt wurde, um als erste zivile Person mit ins All zu fliegen. Weil eine Lehrerin mit an Bord gewesen war, legte man gerade in den Schulen große Aufmerksamkeit auf das Ereignis. Auch unser Physiklehrer hatte mit uns im Vorfeld Experimente durchgeführt, um uns mit dem Thema Raumfahrt mehr vertraut zu machen, zum Beispiel untersuchten wir die Frage: »Wie groß ist der Einfluss der Schwerkraft auf das Wachstum von Pflanzen?« Es gab einen landesweiten Wettbewerb der Schulen, an dem auch unsere teilnahm. Die Mission war ein nationales Event. Alle fieberten darauf hin.

Wir beobachteten an jenem 28. Januar, wie jeden Tag, wie die amerikanische Flagge auf dem Schulhof gehisst wurde. Doch es lag spürbar eine ganz besondere Aufregung in der Luft. Endlich war es so weit: »Heute startet die Challenger!« Wir waren alle ganz zappelig. Und ausnahmslos alle Schulklassen saßen vor einem Fernseher, um dabei zu sein, als es losging. Wir zählten den Countdown mit. Und wie Millionen anderer Zuschauer auf der ganzen Welt trauten wir unseren Augen nicht, als ... Die Stille im Raum kurz nach dem Unfall war kaum erträglich, die Betroffenheit fühlte sich an wie Blei. Nach einer spontan ausgerufenen Trauerminute fingen manche meiner Mitschüler an zu weinen. »But Christa! She was one of us!«, schluchzten sie. »Poor Christa!« Viele umarmten sich. »Die armen Familien der Astronauten! Wie muss es denen jetzt gehen?«, schoss es mir als Erstes durch den Kopf. Und dann: »Wie konnte es nur dazu kommen?« Neben dem menschlichen Aspekt interessierte mich sofort auch der technische und naturwissenschaftliche Hintergrund.

Nach dem *Challenger*-Unglück gab es noch mehr Berichterstattung über die Raumfahrt. Auch die Aufmerksamkeit für die Europäische Weltraumorganisation ESA nahm zu. Das Thema wurde immer präsenter. So furchtbar es war, dieses traurige Ereignis live mitzuerleben, es brachte mich nicht von meinem Berufswunsch ab. Ich wusste zwar: Es gibt immer ein statistisches Risiko, dass sich ein Unfall ereignen kann, sowohl in einer Raumfähre als auch in einem Flugzeug. Auch später kam mir nie in den Sinn: »Oje, morgen erwischt es mich.« Ich schloss nicht daraus, dass es auch mir passieren könnte. Und außerdem ist die Wahrscheinlichkeit eines Flugzeugcrashs geringer als die, in einen Autounfall verwickelt zu werden. Meine Schlussfolgerung nach dem *Challenger*-Absturz war sofort: Man muss aus den Fehlern, die dazu geführt haben, aus den Schwachstellen lernen und sich noch besser vorbereiten. Auch die Vorstellung, als Astronautin in einer winzig kleinen Koje schlafen zu müssen, über einen längeren Zeitraum in einem engen Raum mit mehreren anderen eingesperrt zu sein, schreckte mich keineswegs ab. Immer, wenn ich wieder einmal von meinem Lieblingsthema anfing, bekam ich zu hören: »Ja, aber du weißt doch gar nicht, ob du überhaupt jemals mit auf einen Flug ins Weltall darfst! Und dann war all der Aufwand umsonst!« – »Nein«, widersprach ich dann vehement. Das wäre überhaupt nicht umsonst. Das Ziel im Auge, wollte ich aber erst einmal Schritt für Schritt machen. Allein die Vielseitigkeit der Vorbereitung und Ausbildung reizte mich, im Sinne von »der Weg ist das Ziel«. Es war also schon früh eher das Rundumpaket, das mich interessierte, nicht nur der Flug ins All an sich.

Und nun, nach einem aufregenden Highschool-Jahr in Amerika, freute ich mich vor allem auf eins: den Rückflug nach Hause, um meinem geliebten Himmel wieder ganz nah sein zu können.

2

Bis zu den Sternen

Ziemlich schnell nach meinen ersten beiden Langstreckenflügen in die Vereinigten Staaten und wieder zurück sollte
es bei 15 000 Metern Flughöhe nicht bleiben. Ich peilte nach
meiner Rückkehr noch höhere Sphären an. Je ferner das Ziel,
desto besser. Nicht der Himmel war mehr das Limit, nein,
die Sterne sollten es sein. Der Himmel bei Tag mit seinen
Wolkengebilden und das Firmament bei Nacht – all die Ge-
heimnisse, die es noch zu entdecken gab ... Ich fand das so
spannend und wollte gerne daran mitforschen. Wann immer
ich in meiner Jugend gefragt wurde, was ich einmal werden
wollte, kam nun die Antwort wie aus der Pistole geschossen:
»Ich möchte Pilotin oder, besser noch, Astronautin werden!«
In der Schule belegte ich die Astronomie-AG und tauchte
mit größter Begeisterung in die Materie ein. Ich ließ mir nur
noch Bücher zu diesem Thema schenken. Reichte die Lek-
türe nicht aus, lieh ich mir in der Bibliothek zusätzlich aus,
was auch immer ich zum Thema Raumfahrt finden konnte.
In der Abteilung für die klassischen Mädchenbücher oder

bei Science-Fiction blieb ich dabei nur selten hängen. Daheim angekommen, lief ich so schnell wie möglich in mein Zimmer, warf mich auf mein Bett, blätterte stundenlang in den Büchern herum und vergaß darüber die Zeit.

Ich wollte nichts Geringeres verstehen, als wie das Universum tickt. Ich musste einfach alles über die Himmelskörper wissen, über die Sternzeichen, über den neuesten Stand der Forschung. Ich war auch begierig zu erfahren, wie Raketen funktionieren, wie sich Astronauten im All aufhalten können, welche Dimensionen die Milchstraßen haben. Ich wollte einfach alles in mich aufsaugen und durchdringen. Obwohl ich mich auch für die wissenschaftliche Seite der Raumfahrt und Kosmosforschung begeistern konnte, reizte mich noch mehr die Anwendung der Maschinen und der Flug ins Weltall an sich.

Gemeinsam mit einem Freund – heute würde man ihn wohl als einen *nerd* bezeichnen – aus der Astronomie-AG tauschte ich mich täglich auf dem Schulweg über unsere neuesten Erkenntnisse aus. Wir hatten sonst keine Gemeinsamkeiten, aber das Weltall hatte es uns beiden gleichermaßen angetan. Die schönsten Momente verbrachten wir zusammen bei abendlichen Ausflügen ins Planetarium. In völliger Dunkelheit dazusitzen, nur die leuchtenden Sterne vor uns zu sehen, toppte für mich nun fast sogar noch den Anblick von Flugzeugen am Himmel.

Mein Berufswunsch manifestierte sich immer mehr. Und war spätestens dann ausgemachte Sache, als ich meinen Vater zu einem Vortrag bei seinen Rotarier-Freunden begleiten durfte. Kein Geringerer als Ulf Merbold persönlich – nach dem DDR-Kosmonauten Sigmund Jähn der zweite Deutsche im All – war gekommen, um über seine erste Mission im Weltall zu sprechen. Ich war das einzige Kind unter den Zuhörern, und es war der erste Vortrag überhaupt, dem ich im Leben zuhörte. Merbold sprach, wie er ist, als nüchterner Wissenschaftler. Er schwelgte nicht in irgendwelchen fantastischen Geschichten, sondern blieb ganz faktisch. Das gefiel mir sehr. Ich hörte ihm gebannt zu und machte mir immer wieder Notizen. Ich war vollkommen fasziniert von ihm und seinem Thema. Nach der Veranstaltung nahm ich all meinen Mut zusammen und ging zu ihm: »Wie wird man Astronaut?«, fragte ich direkt. Er nahm mich vollkommen ernst und erzählte mir freundlich davon, wie ein Auswahlverfahren in etwa funktioniert. Dabei dämmerte es mir, dass man auf dem Weg in die Raumfahrt äußerst anspruchsvolle Hürden nehmen muss. Am Ende machte mein Vater noch ein Foto von uns, das mir noch heute viel bedeutet. Ich freute mich einfach riesig, Merbold kennenlernen zu dürfen. »Was für eine Ehre!«, dachte ich mir schon damals. Die Begegnung mit meinem Vorbild hatte meinen Wunsch, ins All zu fliegen, in jeder Hinsicht bestärkt. Auch meine Eltern ließen mich weiter davon träumen und hörten mir geduldig zu, wenn ich wieder davon schwärmte, irgendwann auf dem Mond spazieren zu gehen.

Doch nach diesem kurzen Gespräch wurde es für mich konkret. In den Wochen nach dem Vortrag ging ich ständig alle Punkte, die Merbold erwähnt hatte, noch einmal durch. Wie würde ich an mein Ziel kommen? Wie konnte ich Astronautin werden? Jetzt drehte sich für mich alles darum herauszufinden, was ich dafür tun musste. Es gab offensichtlich vor allem zwei Wege, sich für einen Flug ins All zu qualifizieren: Entweder man ging direkt in die Wissenschaft, führte Experimente durch und wurde *mission specialist* – so wie Ulf Merbold es getan hatte. Oder man wurde Pilot und näherte sich dem All damit indirekt schon etwas an. »Ah, das ist ja perfekt!«, schoss es mir durch den Kopf. »Pilotin will ich ja sowieso werden.« Damit waren die Würfel also gefallen, und ich war einen bedeutenden Schritt in meiner Planung und Vorbereitung vorangekommen.

Doch damit nicht genug. Ich wusste nun ja, dass man zusätzlich auch noch viele andere Fähigkeiten vorweisen können musste. Die Grundvoraussetzung war natürlich die körperliche Fitness. Das war mir klar. »Man muss extrem belastbar sein«, hatte Merbold mir gesagt. Ich hatte immer viel Sport getrieben und konnte beim Handball und Tennis viele andere in die Tasche stecken. Kein Problem also. Tauchen zu können sei von Vorteil. »Sobald ich kann, mache ich einen Tauchschein«, nahm ich mir vor. »Englisch und Russisch fließend sprechen zu können muss sein«, hatte Merbold betont. Okay, Englisch ging ja schon so einigermaßen. Aber ein Russischkurs musste noch auf die To-do-Liste. Physikkenntnisse seien auch ein Plus. Physik? »Super, eines meiner Lieblingsfächer in der Schule!« Meine Planung lief auf Hochtouren.

Es hätte nicht besser passen können: Gerade, als ich mit vollem Elan meine Zukunft ins Visier nahm, eröffnete in Laupheim eine Ausstellung des Planetariums, bei der Gesteine aus dem Weltall gezeigt wurden, hauptsächlich Meteoriten. Unter den Exponaten befand sich aber auch ein Stück Mondgestein, das die Astronauten der ersten bemannten *Apollo*-Mission mit auf die Erde gebracht hatten. Ein russischer Wissenschaftler sollte dazu einen Vortrag halten. Als ich davon hörte, gab es für mich kein Halten mehr. Ganz allein und mit Fotoapparat und Notizblock ausgerüstet – und wieder einmal mit bestem Zutrauen meiner Eltern –, machte ich mich an einem Samstag frühmorgens mit der Bahn auf den Weg nach Laupheim, das eine gute Stunde von Ravensburg entfernt liegt. Ich konnte meinen Augen kaum trauen: Vor mir lag ein Stück des Mondes! Ich fotografierte die Vitrine aus allen erdenklichen Blickwinkeln, um sämtliche Details später noch einmal genau inspizieren zu können. Was man sonst nur im Fernsehen sah, lag nun in greifbarer Nähe vor mir. Wie gerne hätte ich den Stein in die Hände genommen, seine Oberfläche ertastet, seine Schwere und Konsistenz gespürt! Ich hatte das Gefühl, dass das Weltall zu mir kommt und ich damit schon ins Weltall hinausreise. Es war einfach toll. Den russischen Wissenschaftler konnte ich allerdings überhaupt nicht verstehen. Auch wenn ich mich noch so anstrengte, sein russisches Englisch oder englisches Russisch ließ mich im Unklaren über das, was er sagen wollte. Das war aber auch nicht so wichtig. Worauf es in diesen Stunden ankam, war, einzig den Geist der Wissenschaft, der Astronomie zu spüren. Und das tat ich ganz deutlich.

Meine Freundinnen hielten mich zwar immer für etwas verrückt, aber letztendlich trauten sie es mir zu, dass ich mir meinen Traum vom Pilotendasein erfülle. Meine Schwestern allerdings nahmen mich sowieso nicht wirklich ernst. Doch das war auch nicht ausschlaggebend. Während die Wände ihrer Zimmer mit Bravo-Postern von irgendwelchen Musikern und Pferden vollgeklebt gewesen waren, hingen bei mir neben Sonnenuntergängen und Stränden mit Meer ausschließlich Bilder von Galaxien und Sternen. Das war eben Cordula.

Immer wenn wieder einmal ein blöder Kommentar kam, der die Ernsthaftigkeit meines Vorhabens infrage stellte, wurde ich meiner Sache nur umso sicherer. Ich weiß noch, wie mein Englischlehrer einmal abfällig meinte: »Ja, ja, Pilotin willste werden ... Na dann viel Glück!« Ich lächelte ihn an, drehte mich einfach auf dem Absatz um und ging in die andere Richtung. Niemand konnte mich entmutigen, auch er nicht. Im Gegenteil, ich legte noch einen Gang zu. Als ich aus den USA zurückkam, übersprang ich die zehnte Klasse einfach und kam gleich wieder in meine alte – jetzt elfte Klasse –, nachdem ich die nötigen Einstufungstests in Latein, Englisch, Mathematik und Deutsch geschafft hatte. Und irgendwann kam dann auch endlich niemand mehr mit blöden Fragen oder Kommentaren ums Eck.

Nachdem ich mich endgültig für die Pilotenausbildung als Vorbereitung für die Raumfahrt entschieden hatte, gehörten Karotten zu meinem täglichen Ernährungsplan. Man sah mich ständig und überall knabbern. Denn alle in meiner Familie außer mir trugen eine Brille. Auf keinen Fall sollte es an einer Dioptrie scheitern, dass ich zum Pilotentest zugelassen würde.

Das Mindestalter für die Pilotenausbildung lag bei 19 Jahren. Als ich mein Ziel aktiv ins Visier genommen hatte, war ich aber erst 18 und hatte gerade das Abitur in der Tasche. Zudem gab es eine Warteliste, denn erst wenn die Lufthansa wieder neue Piloten brauchte, wurden auch welche ausgebildet. Was also in der Zwischenzeit tun?

Ich hatte schnell einen Plan, wie ich die Zeit sinnvoll überbrücken würde: Die Fächer Luft- und Raumfahrttechnik, Physik und Maschinenbau würde ich sowohl als Pilotin als auch als Astronautin bestens brauchen können. Also schrieb ich mich an der Universität in Aachen gleich für alle ein. Davor musste ich allerdings erst ein Praktikum absolvieren. Bei Dornier in Friedrichshafen lernte ich Schweißen, Galvanisieren, Schleifen ... In den von mir gewählten Studienfächern war ich natürlich erwartungsgemäß eine von wenigen Frauen. Besonders Maschinenbau war ein beliebter Studiengang bei technikbegeisterten Männern – leicht zu erkennen an ihrem typischen Uni-Look: Jeans und karierte Hemden. Die RWTH hatte einen guten Ruf, und so sah man in manchen Vorlesungen bis zu tausend Studenten. Das reduzierte sich allerdings schnell. Da wir nur wenige Frauen waren, fanden wir bei den Partys schnell Anschluss. Zu einigen Kommilitonen habe ich heute noch Kontakt.

Fast eineinhalb Jahre lang verbrachte ich in der Unsicherheit, wann meine Zeit für die Pilotenausbildung kommen würde. Ich lebte in Aachen aber nicht so, als sei ich ständig auf dem Sprung. Das Studium interessierte mich sehr, und ich befasste mich ernsthaft damit. **Alles zu seiner Zeit. Im Hier und Jetzt.** Allerdings wusste ich auch immer, dass noch etwas anderes auf mich wartete, was ich unbedingt auch noch machen wollte. Ich nutzte diese Zeit dazu, neben dem Studium etwas Geld zu verdienen. Ich wollte schon immer möglichst unabhängig sein. Deshalb jobbte ich an Tankstellen, in Kneipen und sogar in einer Schaumstofffabrik – eine wichtige Lebenserfahrung! Doch auch das Feiern kam in der Zeit sicher nicht zu kurz. Bei meinen Jobs in der Gastronomie kam ich in Kontakt mit Rock'n'Roll und vielen coolen Bands. Es hat mir so viel Spaß gemacht, bei den Konzerten dabei zu sein, mit den Musikern danach abzuhängen, am See mit ihnen zu zelten. Ich genoss es auch, dass ich mir meine Zeit zwischen den Vorlesungen so einteilen konnte, wie ich wollte. Ich hatte eine großartige Zeit in Aachen und bin froh, dass es mir diese Warteschleife ermöglichte, eine Zeit lang wie eine Studentin zu leben. So hatte alles sein Gutes.

3

Himmelwärts

Die allgemeinen Voraussetzungen hatte ich erfüllt: Körpergröße, Sehkraft, Führungszeugnis, Abitur … Im Januar 1990 wurde ich zum Eignungstest für die Pilotenausbildung beim Deutschen Zentrum für Luft- und Raumfahrt (DLR) im Auftrag der Lufthansa nach Hamburg eingeladen. Endlich konnte es losgehen! Dachte ich mir auf jeden Fall. Aber nichts in diesem Leben fällt einem einfach so in den Schoß, das wurde mir mit Kurs auf meine Prüfung immer klarer.

Um während der langen Wartezeiten zwischen den einzelnen Tests möglichst in Schwung zu bleiben und meinen Adrenalinspiegel auf einem guten Niveau zu halten, hörte ich auf meinem Walkman das 2. Klavierkonzert von Sergei Rachmaninow rauf und runter. Bach reichte hier nicht. Es musste mehr Pfeffer her.

Auf den Grundeignungstest am ersten Tag konnte man sich eigentlich nicht wirklich vorbereiten. Entweder man hatte die geforderten Fähigkeiten, oder man hatte sie eben nicht. Der Test bestand hauptsächlich aus Aufgaben zu

Merkfähigkeit, Englisch, Geometrie, zum räumlichen Verständnis, zu Mathematik und Physik sowie einem Fragebogen zur psychischen Konstitution. Unsere Rechts-links-Koordination wurde ebenso getestet wie unser räumliches Denkvermögen anhand von in einer Ebene aufgeklappten Würfelbildern: Wir sollten uns vorstellen, welches Bild links oder rechts von einer vorgegebenen Fläche liegt. Oder: Es wurden Zahlenreihen aufgezählt, dann plötzlich gestoppt. Wir sollten dann spontan ab da so viele Zahlen wie möglich rückwärts gezählt nennen.

Wie wir Anwärter genau getestet würden, welche Fragenkataloge im Hintergrund abgefragt wurden – man bekam im Vorfeld keinerlei Informationen dazu. Wir mussten also ins kalte Wasser springen. Damals waren unter den Bewerbern nur etwa zwei bis drei Prozent Frauen. Heute sind es circa 15 Prozent. Als Frau musste man übrigens noch einen extra Kräftetest absolvieren: War man als Frau stark genug, um das Seitenruder zu bedienen und gleichzeitig die Pedale zu halten? Damals wurden in den konventionelleren Flugzeugen die Seitenruder und Steuerflächen mit Seilzügen und hydraulischer Unterstützung bedient. Aber bei einem Ausfall einzelner Komponenten musste der Pilot mehr Steuerung, heißt mehr Kraft aufwenden. Ich war offensichtlich stark genug. Denn ich gehörte nicht zu denen, die schon nach dem ersten Tag wieder nach Hause geschickt wurden.

Wer am zweiten Tag noch da war, hatte eine entscheidende Hürde bereits geschafft. Das schweißte uns alle schon gleich sehr zusammen. Aber nun fing das Warten wieder an, bis jeder dran war. In einem ersten Block wurden unsere

Fähigkeiten in Bezug auf Motorik, Sensorik und Akustik getestet. Später sollten wir in Gruppenübungen unsere Teamfähigkeit unter Beweis stellen. Und auf die Flugtests im Simulator folgten Einzelinterviews, in denen wir uns persönlich vorstellten. Fragen an die weiblichen Bewerberinnen wie »Wie sieht es bei Ihnen denn mit dem Wunsch nach einer Familie aus?« waren damals noch gang und gäbe. Meine Antwort: »Nun, ich möchte nicht so enden wie meine Mutter.« Das saß.

Ich hatte nicht die Arroganz, davon auszugehen, dass ich *natürlich* den Test bestehen würde, aber ich hatte die ganze Zeit über ein gutes Grundgefühl. Als man mir nach dem Interview mitteilte, dass ich jetzt nur noch eine medizinische Untersuchung vor mir hätte, hüpfte mir das Herz in der Brust. Allerdings versuchte ich mich noch in meiner Freude zu bremsen. Man durfte sich ja nie zu sicher sein. Dennoch: Das war ein eindeutig positives Signal gewesen. Wieder warten. Ein letztes Mal Rachmaninow in voller Lautstärke. Als ich schließlich erneut vor die ausschließlich männliche Kommission gerufen wurde und in die lächelnden Gesichter der Juroren blickte, wusste ich, dass ich es geschafft hatte. Ich durfte Pilotin werden! Die Begeisterung und Vorfreude überrollten mich in diesem Augenblick regelrecht. Und meine Eltern, die ich gleich danach anrief, konnten die Erleichterung und auch meinen Stolz sicher durch das Telefon hindurch spüren.

Als ich in Aachen meine Sachen packte, wurde mir meine Aufnahmebestätigung als ein besonderes Privileg bewusst, denn ich kannte einige Kommilitonen, die sich ebenfalls um eine Pilotenausbildung beworben hatten und abgelehnt worden waren. Ich hatte diesen Meilenstein erreicht und schätzte mich sehr glücklich!

Nur wenige Wochen später war also meine Zeit gekommen. Ich durfte die Flugschule in Bremen – unweit des mir so vertrauten Ganderkesees – zusammen mit 28 anderen Schülern beginnen und würde die nächsten zweieinhalb Jahre – zweimal durch mehrmonatige Aufenthalte in Phoenix, Arizona, unterbrochen, um dort zu fliegen – damit verbringen, Pilotin zu werden. Wieder war ich in der Unterzahl: Außer mir gab es nur noch eine einzige andere Frau, eine Informatikerin. Sie war acht Jahre älter als ich und hatte schon ein fertiges Studium hinter sich. Ich als Kursküken war noch dabei, mich zu entwickeln. Sie und ich hatten unterschiedliche Lernmethoden, unterschiedliche Freundeskreise und auch andere Interessen. Zufälligerweise kamen wir aber beide aus Ravensburg, was uns verband und uns gleich eine gemeinsame Ebene gab. Wir verstanden und respektierten uns.

Ich muss zugeben, dass ich die Ausbildung anfangs etwas auf die zu leichte Schulter genommen habe. Wie in Aachen suchte ich mir auch in Bremen gleich noch einen Nebenjob als Kellnerin in einem Café. Ich wollte mir wieder etwas dazuverdienen, weil das den Unabhängigkeitsdrang in mir stillte. Aber dringend Geld dazuverdienen musste ich eigentlich nicht. Die Pilotenausbildung wurde nach einem erfolgreich bestandenen Test von der Lufthansa vorfinanziert. Allerdings musste ich den Vorschuss später nach Vertragsabschluss von meinem Gehalt wieder ratenweise abbezahlen. Außerdem wurde ich während der Ausbildung auch von meinen Eltern unterstützt. Ausbildung, jobben, feiern: Ich bildete mir ein, ich könnte wie immer alles unter einen Hut bringen. Dem war aber nicht so. Meine ersten Prüfungen setzte ich gnadenlos in den Sand. Wir mussten am Anfang der Ausbildung viel Theorie büffeln, um die Voraussetzungen für die praktischen Stunden für die einzelnen Pilotenlizenzen, die aufeinander aufbauen, zu erwerben: erst für einmotorige Privatflugzeuge, dann für zweimotorige, dann für die *Commercial Pilot License Business* (CPL) zur Personenbeförderung, schließlich für die *Airline Transport Pilot License* (ATPL), um noch mehr Personen befördern zu dürfen, bis hin zu Verkehrsflugzeugen und Minijets sowie Cargo. Ich hatte schlicht und einfach zu wenig gelernt, die Multiple-Choice-Tests fielen bei mir verheerend aus. »Nicht gerade eine Glanzleistung, Frau Pflaum!«, musste ich mir vom Schulleiter anhören. Er hatte recht. Ich erkannte den Ernst der Lage, entschuldigte mich glaubwürdig und versicherte ihm, dass das nicht mehr vorkommen würde. Es war mir so peinlich!

Man hätte meinen können, dass ich nun meinen Kneipenjob sofort hingeschmissen hätte. Doch weit gefehlt, ich blieb natürlich Kellnerin, arbeitete sogar noch mehr UND lernte ab sofort intensiver. Ich schloss mich zudem etlichen Lerngruppen an, was enorm half, die Startschwierigkeiten zu überwinden.

Ein Teil der Pilotenausbildung findet auch heute noch regelmäßig auf einem Flugplatz in Phoenix statt. Dort ist das Wetter beständig, und man kann deshalb davon ausgehen, dass das Flugprogramm wie geplant durchgeführt werden kann. Das hat auch mit wirtschaftlichen Erwägungen zu tun: Die fliegerischen Auflagen sowie die Kosten sind dort immer noch um einiges niedriger als in Deutschland. Gerade erst war der Film *Top Gun* mit Tom Cruise in den Kinos gelaufen, als mein Kurs anfing. Irgendwie waren wir alle davon inspiriert, dass die *air base*, auf der der Film gedreht wurde, direkt nebenan lag. Hier war ich also plötzlich wie mitten im Geschehen. Meine Kollegen nannten mich mit einer gewissen Anerkennung »Icecordel« – in Anlehnung an »Iceman«, einen der besten Piloten im Film, und meinen Spitznamen »Cordel«. Es hatte etwas Surreales. Ich weiß nicht, wie oft ich *Top Gun* im Lauf der Jahre gesehen habe, vielleicht zehnmal. Für eine passionierte Pilotin wie mich werden die rasanten Flugszenen einfach nie langweilig. Diesen Film zu sehen, gibt selbst mir immer noch einen Kick. Damit bin ich sicher nicht allein. Erst vor Kurzem hat unser Lufthansa-Flugbetrieb ein Mitarbeiterscreening von *Top Gun 2* organisiert, dafür extra ein Kino in Neufahrn in der Nähe des Münchener Flughafens angemietet. Ob Bodenpersonal, Flugbegleiter oder Piloten – alle waren davon gleichermaßen beeindruckt und begeistert.

Auch wenn ich mit meiner einzigen Kollegin im Kurs anfangs nicht gleich warm wurde, so schweißte uns die Erfahrung in Phoenix doch zusammen. Wir teilten uns dort für die Zeit ein Zimmer und fühlten auch eine gewisse Loyalität zueinander. In der eindeutigen Unterzahl, waren wir

Frauen offensichtlich eine seltene Spezies und fielen überall auf. Auch, wenn wir bei einem Kurs einmal fehlten. Die männlichen Auszubildenden konnten sich das schon eher mal erlauben. Dabei schauten sie immer, gefühlt mit Argusaugen, genau hin, was ihre weiblichen Kollegen wie machten. Nicht alle Piloten – auch meine einzige Kollegin nicht – hatten wie selbstverständlich das Fliegen im Blut, so wie ich es zu haben schien. Manche können das aber durch ihren Fleiß und durch eine logische Herangehensweise ausgleichen und müssen sehr gewissenhaft und hart für ihre erste Lizenz für Privatflugzeuge (PPL) arbeiten. Mir hingegen lag das Praktische immer mehr. Die Unterschiede gab es sowohl bei uns Frauen als auch bei den Männern. Aber alle wurden wir zu guten Piloten.

Ich fühlte mich bereits bei meinem ersten Soloflug mit einer *Beechcraft Bonanza* schon sicher und so, als hätte ich im Leben nie etwas anderes getan. Davor war ich allerdings superaufgeregt. Denn ich wusste: Nun würde niemand mehr neben mir sitzen, den ich bitten konnte: »Übernimm du mal!« Dieser erste Flug in alleiniger Verantwortung war für uns alle ein Riesenevent. Nachdem alle ihre Runde gedreht hatten, stieg am Abend in den *dormitories*, also den für uns angemieteten Unterkünften direkt neben dem Flugplatz, eine wilde Poolparty. Wir stolzierten alle erst mit unseren grauen Fliegeroveralls herum und stießen auf unseren ersten Etappenerfolg an. Dann streifte einer nach dem anderen den Overall ganz cool ab. Nun folgte ein Ritual, das bei jedem Lehrgang damals so nach den ersten Soloflügen praktiziert wurde. Jeder – ob Frau oder Mann – *musste* im Bikini oder mit Badehose durch ein Spalier Richtung Pool laufen und bekam von jedem von uns nun einen Klaps auf den Po. Am Ende folgte unter lauten Freudenschreien der Sprung ins Wasser. Ich habe selten so glücklich und ausgelassen gefeiert wie an jenem Abend. Mit dem ersten offiziellen Schein in der Tasche schien mir die Welt nun wirklich offenzustehen. Und ich glaube, so fühlten sich auch die anderen.

Doch es ging erst einmal mit harter Arbeit in Bremen weiter: Theorie (Technik, Sicherheit, internationale Standards, Meteorologie und, und, und), unzählige Flugstunden im Simulator, Sprechübungen. Die Liste schien endlos. Gerade die Kommunikationsfähigkeit ist von größter Bedeutung im Flugbetrieb. Was, wenn man die Anweisungen der Fluglotsen nicht richtig versteht oder diese die eigenen Ansagen falsch interpretieren?! Wir legten also zwei Funksprechzeugnisse ab, für die man das Standard-Wording des Sprech- beziehungsweise Flugfunks lernen musste – sowohl auf Deutsch (Beschränkt Gültiges Sprechfunkzeugnis) als auch auf Englisch (Allgemeines Sprechfunkzeugnis). In dieser Hinsicht nützte mir nachträglich mein Schulaufenthalt in den USA, denn Englisch war damals wie zu meiner zweiten Muttersprache geworden. Andere Theorieblöcke fielen mir um einiges schwerer. Ich hatte nicht das Glück, über ein fotografisches Gedächtnis zu verfügen, wie einige meiner Kollegen es taten. Für mich hieß es pauken, pauken, pauken. An manchen Tagen hatte ich das Gefühl, dass der Pilotenschein für mich in unerreichbarer Ferne liegt. Wenn gestandene Piloten zu uns in Uniform zu Vorträgen kamen, sah ich sie bewundernd an und konnte mir kaum vorstellen, dass ich auch eines Tages eine solche Uniform tragen würde. Ich beschwichtigte meine Zweifel mit »Schritt für Schritt, Cordula!«. Das half.

Fluglizenzen zu erwerben – ein wichtiger Teil der Pilotenausbildung, denn ohne diese Lizenzen bleibt alles Theorie – ist so ähnlich wie einen Führerschein zu machen: Man fängt mit dem kleinmotorigsten Fahrzeug an und steigert sich dann, falls man auch noch Lkw fahren will. Auf Theorieblöcke folgen die Fahrstunden, auf die Theorie die praktische Prüfung. Das gleiche Prinzip herrscht im Flugverkehr: Auf die erfolgreich erworbene Privatpilotenlizenz folgt die Berufspilotenlizenz und danach die Airline-Transport-Lizenz. Es versteht sich von selbst: Jedes Mal mussten wir erst die theoretischen Kenntnisse beweisen, bevor wir in die Praxis gingen. Der große Unterschied zum Führerschein ist allerdings, dass man als Pilot die Praxisstunden zuerst im Simulator absolviert, nicht gleich in der Luft.

Ein Teil der Flugstunden und natürlich die Abschlussprüfung der jeweiligen Lizenz findet dann aber doch in richtigen Flugzeugen statt. Als wir alle kurz vor dem Abschluss unserer Ausbildung waren, flogen unsere Prüfer mit jeweils drei Schülern auf einer *Piper-Cheyenne*-Maschine – sozusagen als Bonbon und letzte Übung – von Bremen nach Biarritz an der französischen Atlantikküste. Wir durften also in echt fliegen, Anflüge, Landungen und Manöver üben. Ohne Passagiere, versteht sich.

Zwischen den einzelnen Flügen wurden wir von unseren Ausbildern immer wieder aus dem Cockpit geschickt, sollten eine Runde im Flughafen zu Fuß drehen. Sie wussten schon, warum: Als Anfänger kommt man leicht in eine Flugeuphorie, bei der man gleich weiterfliegen, gar nicht mehr aufhören will. Um einen kühlen Kopf zu bewahren, ist es aber wichtig, immer wieder im wahrsten Sinne des Wortes »runterzukommen«. Es braucht einen Gedankenstopp, eine Unterbrechung, damit der Adrenalinpegel sinken kann.

Dann endlich der *final check*, ein kurzer Flug nach Hannover und zurück. Viel anstrengender war der Flug davor, der *ready for final*. Doch beide packte ich ohne Probleme. Nach zwei Jahren intensiver Ausbildung hatte ich den Pilotenschein in der Tasche und durfte endlich fliegen.

Ich wäre naiv gewesen, oder schlecht informiert, wenn ich geglaubt hätte, dass ich im Anschluss an meine Ausbildung gleich als Pilotin hätte arbeiten können. Weit gefehlt! Piloten werden dann eingestellt, wenn es Bedarf gibt. Viele Faktoren beeinflussen diesen schwankenden und unvorhersehbaren Bedarf, vor allem die weltpolitische Lage spielt dabei eine große Rolle. In Krisenzeiten, wenn Kriege drohen oder stattfinden, leidet auch der internationale Flugverkehr darunter, weil bestimmte Gebiete nicht angeflogen oder überflogen werden dürfen. Also weniger Flugstrecke, weniger Passagiere, weniger Flüge, weniger Bedarf an Personal.

Das hieß für mich? Wieder warten. Wieder überbrücken. Wieder Unsicherheit aushalten. Und vor allem auch: Flugstunden sammeln. Mit weniger als 20 Flugstunden im Jahr würden unsere Lizenzen verfallen, warnten uns unsere Ausbilder. Das war das Letzte, was sie uns ans Herz legten, als sie uns verabschiedeten. Manche von uns hatten schon einen Plan, was sie nun tun würden: Die einen gingen erst einmal in ihren alten Beruf zurück, andere begannen ein Studium und wieder andere eine weitere Ausbildung. Für mich war schnell klar, dass ich die Nähe zum Flugbetrieb nicht aufgeben wollte, weshalb ich mich bei der Lufthansa als Flugbegleiterin bewarb. Zudem wollte ich noch mehr Erfahrungen machen, gerne auch in anderen Bereichen. Eine meiner Devisen im Leben: **»Man lernt nie aus!«** Also: je mehr Wissen, desto besser.

Doch bevor es losgehen sollte, wollte ich mich von der Anstrengung der letzten Zeit etwas erholen. Denn auch wenn es noch so interessant und beglückend gewesen war, das Fliegen zu erlernen – stressig war es doch gewesen. Ich brauchte jetzt etwas Natur und Sonne. Gemeinsam mit meinem damaligen Freund reiste ich nach Neuseeland. Ich konnte nicht ahnen, welch unglaublicher Zufall mich dort erwartete. In einem Hafen in Auckland lernten wir Murray Pope, den Besitzer der *Great Barrier Airlines,* kennen, der uns anbot, auf seinem Schiff zu übernachten. Er hatte wohl gesehen, dass wir zwei arme Studenten waren. Und nicht nur das! Als er hörte, dass ich Pilotin bin, strahlte er mich verschmitzt an: »Da hätte ich eine Idee …« Ich schaute ihn gespannt an und traute meinen Ohren nicht, als er weitersprach: »Hättest du Lust, meine *Piper Cub* ein bisschen durchs Land zu fliegen?« Was??? Ob ich Lust hätte??? Machte der Witze??? Eine

Piper Cub ist ein einmotoriges zweisitziges Leichtflugzeug, das vorne zwei Räder hat und einen sogenannten *highwing*, eine Art Dach über dem Rumpf des Flugzeugs. Ich kannte diese Art Propeller-Jet schon aus meiner Ausbildung. *Natürlich* war ich spontan begeistert von der Idee, das Land aus meiner geliebten Fliegerperspektive heraus weiter zu bereisen. Aber es war ja gar nicht möglich, fiel mir in diesem Moment ein: »Meine Lizenz ist nur für Europa gültig!« »No problem!«, erwiderte unsere neue Bekanntschaft und winkte ab. Sein Kumpel könne mich kurzerhand prüfen und mir nach einem Check-Flug die neuseeländische Lizenz für Privatflugzeuge ausstellen. Doch zuerst sollte ich mit ihm persönlich einen Testflug machen. Er wollte sichergehen, dass ich das Fliegen auch wirklich beherrschte. Verständlich, denn er kannte mich ja gar nicht. Nach unserer gemeinsamen Runde mit seiner gelben Piper grinste er mich breit an und legte mir die Schlüssel in die Hand: »Here, have fun!« Wow! »Das werden wir haben! Danke!«, rief ich ihm noch nach. Die neuseeländische Lizenz war innerhalb von wenigen Tagen ausgestellt. Murray Pope verlangte für die Nutzung seiner Piper keinen Cent von uns, einzig für den Sprit mussten wir selbst aufkommen.

Drei Wochen lang flogen mein Freund, der selbst kein Pilot war, und ich nun kreuz und quer durch Neuseeland. Ich war dabei komplett auf mich allein gestellt und stellte mich ohne zu zögern der Herausforderung, was meinem Selbstbewusstsein noch mehr Auftrieb gab. Bei jedem Stopp suchten wir uns ein Backpackerhostel zum Übernachten und erkundeten die Gegend. Was für eine supercoole Art zu reisen! Wir konnten unser Glück nicht fassen: »Andere Studenten machen Autostopp und wir eben Inselhopping per Flugzeug!«, freuten wir uns jeden Tag aufs Neue. Von Neuseeland aus flogen wir auch nach Samoa und von dort aus zwischen den umliegenden Inseln hin und her. Unser neuer Freund besaß nämlich auch dort eine Airline und erlaubte mir, mit einem etwas größeren Flugzeug, einer *Twin Otter*, mitzufliegen. Er wollte mir damit wohl auch klarmachen, dass es hier nicht um Lust-und-Laune-Flüge mit privaten Reiseplänen ging, sondern um richtige Flugdienste. Bei einer *Twin Otter* befinden sich die Schubhebel, also die Gaspedale, nicht wie bei anderen Flugzeugen unten, sondern oben. Eine bedeutende Umstellung! Man gibt also oben Gas. Ich war damit überhaupt nicht vertraut, genauso wenig wie mit der Gegend. Aber ich traute es mir dennoch zu. Obwohl ich das Flugzeug nur hin und wieder streckenweise von dem erfahrenen Kapitän, der dabei war, übernehmen durfte, schwitzte ich während der ersten 100 Kilometer mehr als in meiner ganzen Ausbildung. Aber was für ein Abenteuer! Und es wurde noch besser: Da eine *Twin Otter* Platz für 19 Passagiere hat, nahmen wir jedes Mal auf den kurzen Strecken Inselbewohner von einer Insel zur nächsten mit. Die *locals* transportierten dabei alle möglichen Einkäufe und Geschenke für ihre Verwandten und Freunde. Und als Dankeschön überließen sie uns Papayas, Maracujas, Bananen und Gemüse. Bei meinem Freund und mir war diese materielle Versorgung äußerst willkommen, denn wir hatten nur eine begrenzte Reisekasse. All diese fantastischen Erfahrungen hatten zusätzlich den nicht zu unterschätzenden Gewinn, dass ich ganz nebenbei auch noch die so wichtigen Flugstunden sammeln konnte. Perfekt! (Ich kehrte später noch zweimal nach Neuseeland und einmal nach Samoa zurück, wieder um dort zu fliegen und pazifische Inselbewohner von A nach B zu bringen.)

Bei meiner Rückkehr nach Deutschland hatte sich noch keine Option für eine Anstellung als Pilotin aufgetan, und so folgte ich meinem Plan, als Flugbegleiterin bei Lufthansa Express zu arbeiten. Nach einem Eignungstest und einer sechswöchigen Ausbildung konnte ich loslegen. Ich ahnte damals nicht, wie sehr mir diese Erfahrung auch für meine spätere Tätigkeit als Pilotin nützen würde. Für eineinhalb Jahre war ich nun Teil des Kabinenpersonals und lernte die Nöte, Bedürfnisse und Sorgen meiner Kollegen und Kolleginnen – damals war die Crew noch überwiegend weiblich, heute halten sich die Geschlechteranteile etwa die Waage – hautnah kennen. Ich konnte aus diesem Grund auch später viel leichter Verständnis dafür aufbringen, was sie beschäftigte, und schon früh Lösungen antizipieren. Nach nur drei Monaten wurde ich zur Kabinenchefin befördert und konnte in dieser Funktion wichtige Erfahrungen in Führung und Teambuilding sammeln. Und ich war bei jedem Flug meinem Herzenswunsch, dem Cockpit einer Boing oder eines Airbus, nahe. Das beflügelte mich zusätzlich. Allerdings war die Arbeit nicht nur Zuckerschlecken. Nicht jedes Teammitglied brachte sich gleich ein, und solche »Ausreißer« zu motivieren war nicht immer erfolgreich. Auch der

Umgang mit den Passagieren ließ mich von Zeit zu Zeit an meine Grenzen kommen. Wenn ein Gast sich ohne gültiges Ticket auf einen freien Platz in der Businessclass setzte – was nicht selten vorkam –, und wenn er diesen Platz nicht einmal auf meine Aufforderung hin räumen wollte, kostete es mich meine Nerven, ihn ganz ruhig darauf hinzuweisen, dass er sitzen bleiben, dann aber gerne den Aufpreis zahlen könne. Einmal kam es so weit, dass ein Gast derart renitent war, dass der Pilot den Abflug verweigerte. Der Gast warf mir letztendlich seine Kreditkarte vor die Füße. Nach seinem Upgrade ging es endlich los.

Auch der eine oder andere Kapitän meinte, mir erklären zu müssen, wie ich meinen Job zu tun hätte. »Wissen Sie, das Mikrofon funktioniert folgendermaßen …«, ließ mich einer mal wissen. Als er später von einer Kabinenkollegin hörte, dass ich selbst Pilotin bin, war es ihm schrecklich unangenehm. Er entschuldigte sich sogar bei mir. »Wieso ist Ihnen das peinlich?«, fragte ich ihn. »Wäre es denn für Sie okay, eine Flugbegleiterin ohne Pilotenausbildung anders zu behandeln?« Er kam ins Stocken und wusste darauf nichts zu antworten. Meinen Kollegen gegenüber hatte ich allerdings nie absichtlich erwähnt, dass ich Pilotin bin. Irgendwie war es wohl durchgesickert. Aber für mich galt: Ich war eine von ihnen, basta. Nur so funktionierte das Team. Es musste ja niemand wissen. Sicher wäre die eine oder andere Kollegin irritiert gewesen. Das Gehalt war zwar ziemlich dürftig, aber dafür hatten wir eine sehr gute Atmosphäre in der Reihe des Kabinenpersonals. Das wollte ich keinesfalls aufs Spiel setzen. Mich überkam sogar etwas Wehmut, diese enge Community zu verlassen, als – vollkommen unerwartet – eines Tages ein Anruf aus der Personalabteilung von Lufthansa kam. »Frau Pflaum, es ist so weit ...«

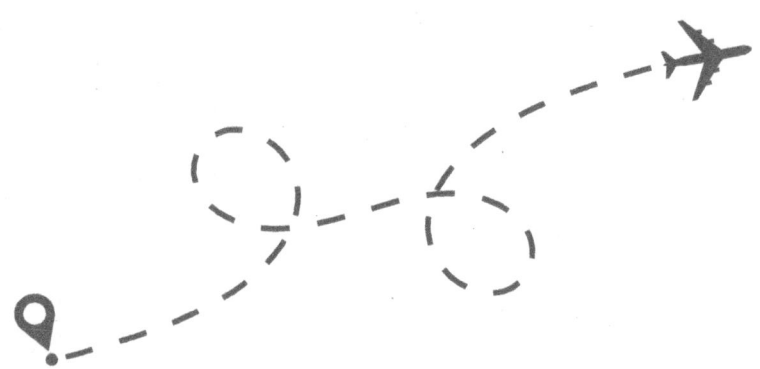

4

Durchstarten

1999 lag meine Ausbildung zur Pilotin nun bereits über zwei Jahre zurück. Auch wenn ich die notwendigen Flugstunden gesammelt hatte, um meine Fluglizenz zu behalten, so durfte ich dennoch bei der Lufthansa nicht gleich losfliegen. Bei dem sogenannten *refresher* durchlief ich als Anwärterin noch einmal in Kompaktform meine Ausbildung. Nur wer alle Inhalte wieder hundertprozentig parat hat, wird auf einen Linienflug als Copilot zugelassen.

Geprüft wurde auch noch einmal, ob man den Funksprechverkehr beherrscht, den Flugweg programmieren und das Flugzeug sowohl manuell als auch automatisch steuern kann. Dabei wurde erneut darauf geachtet, ob man viele Aufgaben gleichzeitig erledigen kann und außerdem alle relevanten Details im Blick behält – Stichwort *work load management*. Wie bewältigt man idealerweise die gesamte Arbeitslast?

Der *refresher* dauerte nur wenige Tage. Danach erst fing die eigentliche Einführung für den anstehenden Job an, das sogenannte *type rating*. Bevor es losging, erhielten wir im ersten Schritt eine Typeneinweisung auf das spezifische Flugzeug, mit dem wir später fliegen sollten. Der erste Flugzeugtyp, dessen technische Daten und Muster ich lernte, war der *Airbus A320,* damals neben der *Boeing 737* das klassische Kurzstreckenmodell bei der Lufthansa Passage, also dem Teil des Unternehmens, das Passagiere befördert. Zu einem »Muster« zählt man alle Flugzeuge, die zum Beispiel einer bestimmten Airbus-Reihe zugeordnet sind.

Diese spezifische Typeneinweisung hatten wir in unserer Grundausbildung nicht erhalten, denn wir hätten damit in der Zwischenzeit, in der wir auf eine Chance bei der Lufthansa warteten, auch bei anderen Airlines anheuern können. Das war zur damaligen Zeit üblich so. Ohne diese Kenntnisse jedoch war es in Zeiten der Pilotenschwemme schwierig, einen Job zu bekommen. Man blieb also quasi verfügbar, abrufbar. (Heute bekommen unerfahrene Piloten auch eine Anstellung, ohne diese *type ratings* bereits im Vorfeld vorweisen zu können, weil man händeringend nach Piloten sucht.) Verständlicherweise wollte die Lufthansa uns an sich binden.

Beim Linientraining, das insgesamt etwa ein halbes Jahr dauert, wird ein Themenkatalog, unterteilt in verschiedene Phasen, mit den Piloten direkt im Cockpit und während des Fliegens abgearbeitet. Da wir zu diesem Zeitpunkt ja alle schon unsere Fluglizenzen hatten, durften wir auch bereits Passagiere fliegen. Am Ende des *type ratings* nahm ein erfahrener Check-Kapitän den sogenannten *skilltest* ab.

Pro Phasenabschnitt erhält man jeweils einen Prüfer/ Trainer. Im Linientraining fliegt man nur mit Trainern und nicht mit »normalen« Kapitänen. Lediglich beim *final check* sitzt der Prüfer hinter dem Prüfling und ein »normaler« Kapitän daneben. In einem halben Jahr hat man somit etwa zehn verschiedene Trainer.

Wie sehr freute ich mich darauf, das erste Mal einen echten Lufthansa-Ausbildungskapitän zu erleben! Ich wollte ihm zeigen, wie gut ich all die Aufgaben erfüllen konnte. Doch ausgerechnet mein Ausbilder schien nur wenig Verständnis dafür zu haben, dass nun mal viel Zeit seit der Ausbildung vergangen war und einzelne Details eine Wiederholung brauchten. Dafür waren ja der *refresher* und das Linientraining da, dachte ich. Nicht so unser Ausbilder: »Früher hätte man euch nicht mal in die Nähe einer Cockpittür gelassen!«, brüllte er uns einmal unvermittelt an. Wieder einmal hatten wir ihm wohl nicht schnell genug die aktuellen Radio-Funkfrequenzen eingestellt, die man vom Fluglotsen jedes Mal beim Überfliegen von Luftsektorgrenzen erhält und die er simuliert hatte. Er war der Meinung, wir müssten diese Werte wegen ihrer häufigen Wiederholung doch bereits auswendig kennen. Seine Spezialität war es, uns vorzuführen, bloßzustellen. »Choleriker!«, dachte ich bei mir und strengte mich noch mehr an.

Beim Linientraining kommt es darauf an, den Piloten mit den Arbeitsabläufen seines zukünftigen Arbeitsplatzes vertraut zu machen und diese zu professionalisieren. Während wir im Simulatortraining die Abläufe und Verfahren im Cockpit des Flugzeugs trainieren, geht es im Linientraining um die Prozesse des gesamten Flugauftrags. Dies beginnt beim Cockpitbriefing am Tresen, bei dem sich die

Piloten final bezüglich der Flugplanung und Betankung absprechen. Danach wird das Team aus Cockpit und Kabine kurz beim sogenannten Kabinenbriefing geformt. Danach kann es losgehen. Nach dem Flug gibt es immer eine Nachbesprechung. All dies wird beobachtet und vom Ausbilder beurteilt.

Dieser besagte Ausbildungskapitän übte immer wieder Druck auf uns aus, auch beim Ausfüllen der Themenkataloge, die unsere Kenntnisse abfragten: »Was? Du weißt es nicht?«, schnauzte er, wenn man nicht blitzschnell unter seinen Augen bei einer Antwort ein Kreuz gesetzt hatte. Er gab uns das Gefühl, wir würden unsere Phasenziele nie erreichen. Ja, noch schlimmer: Er würde uns vielleicht sogar durchfallen lassen. »Sprechen Sie mal lauter«, ermahnte er vor allem die Frauen. So gebeutelt zu werden kannte ich bis dato noch nicht. Es kommt ja auch immer darauf an, *wie* man fragt. Da waren wir uns alle einig. »Wenn man will, kann man bei jedem einen Schwachpunkt ausmachen«, sagte ein Kollege. Genauso ist es. Heute sind die Lerninhalte, in der Form, wie sie abgefragt werden, viel standardisierter. Das verringert auch den Spielraum des Prüfers, sodass die Objektivität besser gewährleistet wird. Doch damals war man zu einem gewissen Grad noch der Spielball des Prüfers.

Ganz am Ende des Linientrainings hatte ich genau diesen Kapitän noch einmal als Prüfer. »Jetzt bin ich sicher. Jetzt zeige ich dir, was ich kann!«, spornte ich mich innerlich selbst an. Doch natürlich: Das Gleiche wieder, seine Ungeduld kannte keine Nachsicht. Wieder war ich ihm nicht schnell genug. Er fand immer noch eine versteckte Schraube, nach der er mich fragen konnte, um zu demonstrieren, wie viele Wissenslücken ich – und wahrscheinlich die ganze Welt – seiner Ansicht nach noch hatte. Doch durchgefallen bin ich nicht. Er musste wohl einfach nur seine Macht demonstrieren. Und sicherlich lag es auch daran, dass er mich nicht ganz ernst nahm. Es hatte sich herumgesprochen, dass Frauen bei ihm die schlechteren Karten hatten. Früher gab es häufiger solche militärartigen Drills von Ausbildern, die diesen harten Ton, den sie an den Tag legten, wohl selbst erlebt hatten.

Das meines Erachtens unfaire Verhalten dieses Ausbilders trübte meinen großen Enthusiasmus, mit dem ich angetreten war, zu einem gewissen Grad. Aber natürlich hatte ich weiterhin mein Ziel fest vor Augen: immer eine Stufe höher. Dennoch konnte ich mir damals nicht vorstellen, jemals selbst auch als Ausbildungskapitänin arbeiten zu dürfen, wenngleich der Gedanke in meinem Kopf herumgeisterte. Es ging mir eigentlich alles nicht schnell genug. Ich verstand, dass das stückweise Lernen schon seinen Sinn hat. Das erlernte Wissen muss ja erst nach und nach einsickern und verinnerlicht werden, bevor man sich zum nächsten Phasenziel aufmachen kann. Aber ich wollte am liebsten einfach so schnell wie möglich *ready for final* sein, wie es im Pilotenjargon heißt.

Etwa ein halbes Jahr nach dem *skilltest* im Simulator folgte die praktische Abschlussprüfung im Linienflug. In der Regel erstreckte sich die Prüfung über zehn Flugabschnitte, die sogenannten *legs*, hinweg. Das konnte je nach Flugplan zwei bis drei Tage lang dauern. ENDLICH ging es los! Mit meinem Prüfer, einem Ausbildungskapitän hinter mir und einem normalen Linienkapitän auf dem Sitz neben mir, flog ich mit dem *Airbus A320* zunächst von Frankfurt nach Bukarest. Ich war aufgeregt. Denn weder in der Ausbildungsphase noch im *refresher* und im Linientraining wurde uns von unseren Ausbildern vermittelt, dass wir gut oder gar toll sind. Über eine kritische Beurteilung unserer Leistung ging es nie hinaus. Nicht ein einziges Mal in dieser Zeit bin ich aus dem Simulator oder aus einem Flugzeug ausgestiegen mit der Siegesgeste »Ja, super, Cordula!«. Im Gegenteil, alle Trainer legten stets die größte Aufmerksamkeit auf die kleinsten Fehler. Man ließ uns nichts durchgehen. Und weit und breit keine Frau am Horizont: Es handelte sich damals ausschließlich um männliche Ausbilder. Die Vorstellung von Frauen in dieser Rolle schien noch Lichtjahre entfernt.

Als ich dann selbst Ausbilderin wurde, habe ich mir vorgenommen, immer mehr zu bestätigen und zu loben als zu kritisieren. Das Wort »Kritik« kommt in meinem Wortschatz mit meinen Auszubildenden gar nicht vor. Heute legen wir Ausbilder und Ausbilderinnen Wert auf die positive Verstärkung: Fehler gehören zum Menschsein dazu. Die Frage ist, wie kann man sie in Zukunft vermeiden? Und was lernt man aus ihnen? »Dieses Mal hast du dich entschieden, so zu fliegen. Für das nächste Mal möchte ich dir folgenden Tipp geben, weil ...« – »Na also, jetzt hat es geklappt! Prima!« Ich beginne die Gespräche immer mit: **»Ich bin hier, um euch zu sagen, was ihr gut gemacht habt!«**

Ich bohre nicht in den paar Prozent herum, die nicht gut gelaufen sind, sondern mache den Prüflingen bewusst, warum das meiste so gut gelaufen ist. Erst danach gebe ich Tipps, was man noch besser machen kann. Ich mache ihnen immer Mut: »Ihr wärt gar nicht hier, wenn ihr eure Sache nicht bereits könntet.« Dieser Ansatz stammt aus der Lernpsychologie: Man lernt besser aus positiven Erlebnissen und Erfahrungen. Positive Verstärkung ist alles.

Doch damals, Ende der Neunziger, wehte eben noch ein anderer Wind. Diese Verunsicherung steckte mir auch bei meinen Prüfungsflügen die ganze Zeit in den Knochen. So fragte ich mich während der Flüge ständig: Reicht es? Passt es? Bin ich gut genug? In der Regel kannte ich sowohl den Prüfer als auch den Ausbildungskapitän nicht. Klar war, eines wollte man auf keinen Fall: Dass einer von beiden – oder im schlimmsten Fall auch der normale Fluglinienkapitän! – in irgendeiner Weise während des Fliegens eingreifen müsste. Ich hatte das Gefühl, dass die Flüge gut gelaufen waren, aber sofort ein Feedback zu erhalten war unüblich. Man wurde auf die Folter gespannt. Als ich endlich den positiven Bescheid bekam, dass ich bestanden hatte, war ich unglaublich erleichtert. Was für ein Weg hinter mir lag!

Als Zeichen der Anerkennung, dass ich nun ein vollwertiges Crewmitglied bei Lufthansa war, bastelten die Kollegen mir eine Kette mit allen möglichen Süßigkeiten. Mit ihr um den Hals lief ich voller Stolz über unsere Lufthansa-Basis. Jetzt aber wirklich: geschafft!

Die Ironie des Schicksals wollte es übrigens, dass mir genau der Kapitän, der mir sechs Monate während des Linientrainings das Leben schwer gemacht hatte, noch einige Male über den Weg lief: Viele Jahre später, als ich meine erste vage Idee konkretisiert hatte und selbst Ausbildungskapitänin werden sollte, stand er plötzlich als Prüfer wieder vor mir. Ich musste schlucken, als ich ihn sah. Bei seinem Anblick erinnerte ich mich schlagartig an seine fast sadistische Ader. Ich konnte es nicht fassen: Genau dieser Mann hatte die Aufgabe, mir bei meiner Simulatorprüfung den finalen Segen zu geben. Ich prüfte in meiner eigenen Prüfung einen Kollegen, und mein alter Prüfer prüfte dabei mich. Um ihm nicht den geringsten Anlass zu Kritik an mir zu geben, strengte ich mich an, besonders gründlich vorzugehen. Ich war natürlich respektvoll, aber ich ließ meinem Prüfling nichts durchgehen. Ich traute meinen Ohren nicht, als mein unliebsamer Prüfer zu mir sagte: »Ach, seien Sie doch nicht so genau, Frau Pflaum!« Er war offensichtlich bereits altersmilde und wohl auch etwas vergesslich geworden. Denn daran, dass er vor allem uns Frauen damals so gepiesackt hatte, worauf ich ihn nach der Prüfung ansprach, konnte er sich seltsamerweise gar nicht mehr erinnern. Aha …

Piloten dürfen, wenn sie wollen, schon bei ihrer Einstellung bei Lufthansa – und auch noch später – angeben, welche Strecken sie bevorzugt fliegen wollen, auch ob sie sich bestimmte Flugzeugtypen für ihren Dienst wünschen. Das kann man quasi als Dauerbewerbung verstehen. Manche kreuzen nur Kurzstrecke an, andere wählen ein bestimmtes Flugzeugmodell als alleinige Option aus. Es gibt Piloten, die ihr ganzes Berufsleben lang nur Kurz- oder Mittel- oder eben ausschließlich Langstrecke fliegen. Jedes Mal, sobald ein Platz für einen Piloten in der jeweiligen Kategorie frei wird, rückt man je nach Seniorität nach und darf seinem Wunsch entsprechend fliegen. Ich wollte natürlich so viele Flugzeuge wie möglich kennenlernen. Auch beschränkte ich mich nicht auf eine Streckenlänge. Deshalb ließ ich als Einzige nichts unangekreuzt. »Es kommt, wie es kommt«, war meine Devise. Keinesfalls wollte ich auch nur eine Chance verpassen. Mir war alles recht, und ich war für alles offen. Das Leben sollte mich ruhig überraschen!

Ich war 25 Jahre alt, als ich mir zum ersten Mal die dunkelblaue Pilotenuniform der Lufthansa anziehen durfte, drei breite goldene Streifen – die Epauletten – auf der Schulter meiner Bluse und dasselbe noch mal an den Ärmeln meiner Jacke. Ich hätte nicht glücklicher sein können. Im Simulator trägt jeder ganz normale Straßenkleidung. Sogar während des Flugtrainings auf Zypern, bei dem wir mit einem *Airbus A320* Platzrunden drehen sowie Starts und Landungen üben durften, hatten wir nur Jeans und T-Shirts an. Jetzt aber mit der Pilotenmütze auf dem Kopf konnten es alle sehen: Ich hatte es geschafft! Ich war Pilotin! Ich war so stolz darauf, nun zur Lufthansa-Crew zu gehören.

An meinem ersten Arbeitstag als »ausgecheckte« Pilotin flog ich mit einem *Airbus A320* fünf Kurzstrecken: München-Hamburg, Hamburg-Frankfurt, Frankfurt-Paris, Paris-Frankfurt, Frankfurt-München. Nun auch zum ersten Mal mit Passagieren an Bord. Und mit einem zweiten Copiloten hinter mir. Diese Konstellation mit dem zusätzlichen Blick über die Schulter ist während der ersten Flugabschnitte wichtig. Man muss absolut auf Nummer sicher gehen, dass der Neuling auch im hektischen Flugalltag alle Abläufe, Handgriffe und Funksprüche sowie deren Reihenfolge beherrscht.

Es war ein schöner Sommertag, ohne Stürme oder Turbulenzen. Keine Wolke weit und breit. Ein perfekter Start ins Pilotenleben. Da wir so intensiv geschult worden waren, war ich nicht einmal sonderlich aufgeregt. Ich fühlte mich von Anfang an sicher und souverän. Komisch war nur, dass nun niemand mehr von der Seite Fragen stellte oder den Flugstil kommentierte. Das fehlte mir richtig.

Als ich an diesem Abend in den Pool meines Hotels, in dem ich in der Nähe von München untergebracht war, abtauchte, fühlte ich mich so leicht wie selten zuvor in meinem Leben. Die Adrenalinstöße, die mit der Anfängereuphorie einhergingen, hatten mich regelrecht in ein High versetzt. Ich ließ mich im Wasser treiben, schaute in den Himmel, aus dem ich gerade gekommen war, und freute mich schon auf den nächsten Flug, ganz weit da oben ...

Schon nach einem halben Jahr Kurzstrecke gab es eine Sonderausschreibung für den Dienst auf einem anderen Flugzeugtyp, auf die ich sofort reagierte. Manche Piloten wollen jahrelang mit dem gleichen Modell fliegen, so lange, bis sie wirklich jede kleinste Schraube davon kennen. Doch mir genügte das nicht, ich wollte auch noch andere Flugzeugtypen kennenlernen. Als ich die Sonderausschreibung für den *Airbus A310* und den *Airbus A306*, sogenannte *wide body*-Flugzeuge – also besonders breit gebaut –, sah, reizte es mich sofort sehr. Bewerbungsgespräche waren dafür nicht nötig. Die freien Jobs wurden auch hier rein nach Seniorität vergeben. Einzige weitere Voraussetzung: ein einwandfreies fliegerisches Attest. Ein Eintrag wie etwa *reckless flying* – also ein eher verantwortungsloser Flugstil – in der Personalakte, und die Karriere könnte kurz ausfallen.

Ich wusste, dass ich in diesem neuen Job nicht nur Passagiere befördern und potenziell auch nicht nur Langstrecken fliegen würde. Und so kam es dann auch, meine neuen Nachtpost-Dienste blieben Kurzstrecke. Sternförmig startete ich gleichzeitig mit meinen Kollegen auf anderen Flugzeugen von Frankfurt aus regelmäßig mit der Nachtpost in alle Himmelsrichtungen innerhalb von Deutschland. Meistens ging es entweder nach Hamburg, Berlin, Stuttgart, Nürnberg oder München. Über die Lehnen der Sitze wurden dafür Taschen gehängt, in die die schweren Postsäcke kamen.

Aber die Langstreckenflüge in den *wide body*-Flugzeugen gehörten zu meinen Favorites. Um Erfahrung auf diesem besonderen Flugzeugmuster zu sammeln, durfte ich nun zu so außergewöhnlichen Zielen wie zum Beispiel Sibirien, Kasachstan, Kenia oder Saudi-Arabien fliegen, die für mich Neuland waren. Während das Flugzeug am Ziel oder beim Zwischenstopp für den Rück- oder Weiterflug vorbereitet wurde, war es üblich – und wirklich einzigartig –, dass die Crew nicht in der Flughafenhalle oder in einem Hotel warten musste. Nein, wir hatten meist die Gelegenheit, einen Ausflug in die jeweilige Stadt oder in die Umgebung zu machen. Wenn ich zum Beispiel auf dem Weg nach Kathmandu war, mussten wir in Karachi in Pakistan einen Zwischenstopp machen und dort auch übernachten. Erst am nächsten Tag ging es dann für gewöhnlich weiter. Eigentlich ist es üblich, ein Flugzeug so kurz wie möglich auf dem Boden zu lassen, weil man sonst Verluste macht. Aber auf dieser Route kann man von Kathmandu aus erst am Nachmittag wieder über Karachi und nach einer erneuten Übernachtung nach Deutschland fliegen. Das hat mit dem Nachtflugverbot über Deutschland und den Anschlussflügen zu tun, man käme sonst zu früh in Europa an. In Kathmandu hat die Crew also immer etwa vier Stunden Zeit am Boden. Wir nutzten die Zeit, um Tempel zu besichtigen, frei laufende Affen zu beobachten oder sogar Beerdigungszeremonien an Flüssen aus der Ferne zuzusehen. Das muss für die Einwohner seltsam ausgesehen haben, wenn eine Gruppe von Menschen in Uniform herumlief. Aber natürlich hätte es sich nicht gelohnt, sich für die kurze Zeit umzuziehen.

Ich wusste auch, dass ich bei den Flügen mit dem *Airbus A310* auf Langstrecke noch einmal auf eine andere Kategorie von Piloten treffen würde: erfahrene, ältere Haudegen, manche von ihnen ehemalige *Starfighter*-Piloten, diese Kampfflugzeuge aus der Zeit des Kalten Krieges, die noch bis Mitte der 1970er in Amerika produziert wurden. Ich fand die Aussicht, mit solchen Urgesteinen zu fliegen, superspannend. Ich wollte so viel wie möglich Erfahrung sammeln und von ihnen lernen. Ich hatte zu der Zeit noch weniger als 1000 Flugstunden, aber ich wusste: »Ich krieg das hin!« Genau davon war auch die Personalabteilung überzeugt.

Also vertiefte ich mich in das *type rating* meines zukünftigen Arbeitsplatzes.

Der Kontakt zu den deutlich erfahreneren Kollegen, mit denen ich auf diesen Flügen zusammenarbeitete, war klasse. Einerseits war es, wie ich vermutet hatte, eine gute Schule, weil ich mir von der älteren Generation einiges abschauen konnte. Andererseits hatten wir als Crew bei den Stopovers in unseren speziellen Lounges auch viel Spaß mit ihnen, hingen an ihren Lippen, wenn sie ihre Geschichten und Anekdoten zum Besten gaben. Ich erlebte diese »*Starfighter*-Helden« als völlig gechillt. Und sie gaben uns auch ein gutes Gefühl. Vielleicht war für sie aufgrund des Leistungsprinzips klar: Diese Person kann hier nur sitzen, wenn sie auch alle Prüfungen geschafft hat. Sie behandelten auch uns zwei Frauen nicht anders als unsere männlichen Kollegen.

Ich war zehn Jahre lang Copilotin, und in all der Zeit bin ich nie unsicher oder gar ängstlich gestartet. Aufregend war aber immer wieder die Ungewissheit, wer neben mir im Cockpit sitzen, wer in der Kabine Dienst haben würde. Denn jedes Mal werden wir je nach Dienstplan neu zusammengewürfelt. Bei etwa 5000 Piloten und 25 000 Kabinenkollegen kommt selten auf zwei verschiedenen Flügen die gleiche Kombination zustande. Das bedeutet: Jedes Mal muss man sich auf andere Menschen mit ganz unterschiedlichen Charakteren und Hintergründen einrichten. Nicht nur damals – auch heute noch ist meine Neugier jedes Mal groß zu erfahren, was sich hinter der Hülle meiner Kollegen verbirgt. Oft schon war ich beeindruckt und erstaunt, wie bunt die Vielfalt im Kollegenkreis ist. So war ich beeindruckt zu hören, dass ein Kollege nebenberuflich in der Jagd tätig ist, ein anderer zusätzlich eine Computerfirma betreibt und der nächste jede Woche drei Bücher liest. Unsere Kabinenkollegen setzen sich mindestens genauso bunt und vielseitig zusammen. Viele haben oftmals vorher schon eine Berufsausbildung absolviert oder studieren gleichzeitig. Auch treffen Menschen mit den unterschiedlichsten Charakteren zusammen, die sich aufeinander einstellen müssen. Das geht nicht immer ohne Schwierigkeiten oder Konflikte.

Es gibt Piloten, die erst fast nach zwei Jahrzehnten Erfahrung Kapitän werden. Es hängt natürlich auch da wieder davon ab, ob Stellen frei werden und ob man die vorgeschriebene Mindestflugstundenzahl vorweisen kann. Um *senior first officer* auf Langstrecke zu werden – eine Art Zwischenstufe zum Kapitänsrang, bei der man dann auch den Kapitän ersetzen darf –, benötigt man zum Beispiel mindestens 1500 Flugstunden.

Aber andererseits bestimmt auch die individuelle Flexibilität des Einzelnen, wie schnell er oder sie auf der Karriereleiter nach oben klettert. Nehme ich jede Möglichkeit wahr, oder schließe ich von vorneherein Optionen aus? »Eine Umschulung auf Boeing? Niemals!« – »Ich will nur bei der Lufthansa fliegen, doch nicht bei Condor!« – »Cargo-Flüge? Um Gottes willen!« Solche Kommentare habe ich häufig von anderen gehört. Auch ich hatte, wie die meisten meiner Kollegen, nach der Pilotenausbildung den Wunsch, noch mehr zu leisten, mehr Verantwortung zu übernehmen, mehr auch Vorbild für andere und Wegbereiterin für weitere weibliche Kolleginnen zu sein und Kapitänin zu werden. Deshalb wollte ich mir keinen Weg dorthin verbauen, keine Stufe verpassen, die mich meinem Ziel näherbringen würde, indem ich mich auf ein Modell, eine Strecke oder gar eine bestimmte Flotte festlegte.

Als ich so weit war und meine 1500 Flugstunden zusammenhatte, war ich *sofort* bereit, ein ganz besonderes Netz zu fliegen, nämlich mit der Lufthansa Cargo. Und zwar nun als *senior first officer*. Mit einer *McDonnell Douglas MD-11*, die nur Fracht transportierte und die also weder Kabine noch Sitze hat, flog ich nach einer intensiven Schulung in Kalifornien und dem nächsten *type rating* sowohl Kurz- als auch Langstrecke. Diese Aufgabe war bei meinen Kollegen nicht sonderlich beliebt wegen der extremen Flexibilität, die sie erforderte. Ich aber war Feuer und Flamme. Gerade die ausgefalleneren Destinationen, die von Passagierflugzeugen eher selten bedient wurden, wie zum Beispiel Penang, Manila, Kuala Lumpur, Fairbanks, Honolulu, Tahiti, Melbourne, Auckland oder Dakar reizten mich – ebenso wie die größere Verantwortung in der neuen Position. Nicht selten gehörten auch ganze Weltumrundungen zu meinem Flugplan mit Cargo. Mit einem Passagierflugzeug hätte ich dazu nicht die Möglichkeit gehabt.

Auch die spezielle Fracht von Zeit zu Zeit ließ die Dienste nie langweilig werden. Nicht selten transportierten wir mehrere Millionen Dollar teure Rennpferde in die USA. Wir mussten im Cockpit kurz vor einer Landung am New Yorker Flughafen John F. Kennedy einmal schmunzeln, als die Wetterverhältnisse mit der Windrichtung nur eine enge kurvige Landung, den sogenannten *canarsie approach*, möglich machten und ich wusste, dass ich eine lange Bremsstrecke einkalkulieren musste, die Landebahn aber nicht allzu lang war: »Schade, dass ich für die Pferde nun keine Ansage machen kann, dass sie sich festhalten und angeschnallt bleiben sollen.« Die Tiere mussten es in ihrer Box auch so schaffen.

Das war eine ganz besondere Zeit, die auch sehr herausfordernd war. Im Gegensatz zu einem Passagierflugzeug mit einer mehrköpfigen Crew war ich hier häufig fast allein unterwegs, nur in Begleitung eines Kapitäns, eines Copiloten und vielleicht noch eines anderen Mitarbeiters, zum Beispiel wenn Tiere transportiert wurden und diese einen extra Begleiter brauchten. Man war also noch mehr als sonst auf sich allein gestellt. In diesen winzigen Teams wuchsen über die Zeit einige enge Freundschaften, die bis heute bestehen. Es schweißt einfach zusammen, wenn man nur zu zweit oder zu dritt in einem riesigen Flugzeug sitzt und auf die Welt hinunterschaut.

5

Auf dem linken Sitz

Abenteuerlich wurde es, als ich nach fünf Jahren im Fracht-betrieb – ich hatte während dieser Zeit meinen Mann ken-nengelernt, war mit ihm nach Franken gezogen, irgendwann schwanger geworden und hatte gerade elf Monate Elternzeit nach der Geburt unserer ersten Tochter genossen – einen Anruf aus der Personalabteilung von Lufthansa erhielt. Eines der Kreuzchen, die ich ganz zu Anfang meiner Pilotenlauf-bahn gesetzt hatte, beförderte mich direkt zur nächsten He-rausforderung: »Gratuliere! Wenn Sie wollen, sind Sie bald Kapitänin bei Condor Berlin!« Was? Ich konnte mein Glück wieder nicht fassen. »Wenn Sie wollen«??? Natürlich wollte ich!

Ich konnte mit dem Kapitänstraining für Condor sofort beginnen. Das ging damals auch, wenn man – wie ich wäh-rend der Schwangerschaft und der Elternzeit – ein paar Mo-nate nicht geflogen war. Ich kannte ja jetzt den Ablauf schon: *type rating* und Üben im Simulator. Dieses Training war al-lerdings noch einmal um einiges härter als alle davor. Als zukünftige leitende Instanz wurde ich nämlich zusätzlich in alle notwendigen Führungstechniken eingewiesen, was mir die noch größere Verantwortung erst so richtig bewusst machte. Auch musste ich lernen, die technischen Vorrichtungen im Cockpit mit der anderen Hand zu bedienen. Was der Copilot mit rechts erledigt, steuert der Kapitän mit links. Das Gehirn muss nun beides lernen und können: eben auch den Schubhebel mit rechts nach vorne drücken, den *sidestick* zum Lenken mit der linken Hand bedienen.

Ich war schon mitten im Training, da rief mich mein damaliger Manager an, um seine Bedenken zu äußern. »So kurz nach der Geburt schon die Kapitänsausbildung?« Er wollte ganz sichergehen, dass ich wirklich bereit war. Doch ich war mir meiner Sache sicher: »Ja klar! Ich traue mir das zu!« Ich erklärte ihm, dass ich ja nie ganz vom Flugbetrieb weg gewesen war. Schon acht Wochen nach der Geburt unserer Tochter hatte ich wieder begonnen, als freie Mitarbeiterin für die Lufthansa zu arbeiten, allerdings auf dem Boden. Auch während der Elternzeit gab ich Schulungen für unsere Crews und schrieb Handbücher. Wenn ich zu Tagesseminaren nach Frankfurt fuhr, reiste mein Vater, der damals bereits pensioniert war, mit dem Zug an. Er übernahm unsere Tochter im Kinderwagen, drehte seine Runden entlang des Flughafens und kam regelmäßig in den Pausen zu mir ins Schulungsgebäude, damit ich stillen oder Windeln wechseln konnte. Er genoss es, sich um seine Enkeltochter zu kümmern, und das auch noch in unmittelbarer Nähe seines geliebten Flugbetriebs. Einen solchen Opa fanden meine Kollegen natürlich toll. Und so bekam er von ihnen auch noch ständig positives Feedback. Alles lief wie am Schnür-chen. Eine Win-win-Situation.

Ich hatte mich also sowieso nie von der Fliegerei entfernt, auch nicht, als ich Mutter wurde. Als ich das Angebot zur Kapitänsausbildung bekam, war klar: *now or never*. Oder zu-mindest *now or who knows when*. Mein Mann und ich wa-ren uns schnell einig, dass er für die Zeit der Weiterbildung in Elternzeit gehen und sich um unsere Tochter kümmern würde. Er war Polizist und Beamter beim SEK. Als er 2005 die Elternzeit beantragte, war das ein historischer Moment, denn er war der erste Mann, der jemals beim SEK einen sol-chen Antrag stellte!

Mit diesem Arrangement konnte ich die Ausbildung ohne Probleme absolvieren. Ich freute mich schon darauf, endlich als Kapitänin zu fliegen. Doch als ich nach den sechs Mona-ten gerade das Patent dazu in der Hand hielt, wurde ich wie-der schwanger. Auch dieses Mal blieb ich während meiner Schwangerschaft und in der Elternzeit Lufthansa treu, arbei-tete vorerst an meinen Projekten am Boden weiter. So schön es auch war, unsere Töchter aufwachsen zu sehen, ich konnte den Moment kaum erwarten, bis ich endlich wieder abhe-ben durfte. 2007 war es so weit. Meine Töchter waren gut in der Kita und bei meinen Schwiegereltern versorgt, sodass ich loslegen konnte – nun als Kapitänin auf einem *Airbus A320*.

Was für ein Quantensprung! Als Copilotin hatte ich nach links schauen und mich darauf verlassen können, dass der andere neben mir die Entscheidungen fällen würde. Aber jetzt war da keiner mehr. Mit einem goldenen Streifen mehr auf der Schulter schauten nun alle zu mir. Alle verließen sich auf mich. Und wenn ich nach links blickte, war da nur noch das Fenster. Ich war es, die nun auf dem linken Sitz saß und das Sagen hatte. Ich war die letzte Instanz – und trug aber auch ab sofort die Verantwortung. Geflogen wird ein Flugzeug sowohl vom Kapitän als auch vom Copiloten, sie wechseln sich in den Rollen *pilot flying* und *pilot monitoring* dabei zwar ab, aber die Entscheidungen trifft der Kommandant. Natürlich kann der Kapitän seinen Copiloten jederzeit nach seiner Meinung fragen, und dieser darf dann auch etwas vorschlagen. Beide tragen gleichberechtigt zu einem gelungenen und sicheren Flug bei. Aber die Rollenverteilung ist klar. Ob die Zusammenarbeit reibungslos klappt, hängt auch viel davon ab, wie der *team leader*, also der Kapitän, in das Briefing kommt und ob er den anderen ein Gefühl des Zutrauens in sie vermittelt.

Im Cockpit von rechts nach links zu wechseln war für mich die größte Veränderung in meiner Karriere. Mir war vollauf bewusst, wie schwerwiegend es ist, die Gesamtverantwortung für einen Flug zu übernehmen. Gleichzeitig war es ein tolles Gefühl! Ein weiterer Herzenswunsch war in Erfüllung gegangen. Zehn Jahre lange hatte ich Kapitänen bei der Arbeit zugesehen, hatte beobachtet, wie unterschiedlich ihr Führungs- und auch Entscheidungsstil war, hatte von ihnen gelernt. Zehn Jahre lang hatte in mir mein eigener Stil Form angenommen, mit dem zunehmenden Wunsch, das alles jetzt auch selbst auszuprobieren. Nun war ich endlich am Zug: »Jetzt bin ich die Chefin und werde zeigen, was ich draufhabe.«

Zehn Jahre sind keine lange Zeit auf dem Weg zum Kapitänsrang. Ich hatte Glück, *und* ich habe mich wirklich hochgearbeitet, war immer bereit gewesen, viele verschiedene Flugzeugmodelle zu fliegen, hatte diverse Zusatzfunktionen übernommen, war überaus flexibel gewesen. Manche meiner Kollegen, selbst erfahrene Piloten auf Langstrecke, wussten nicht, ob für sie jemals der Zeitpunkt kommen würde, ob sie jemals Kapitän werden würden. Wann man an der Reihe ist, ist nicht vorhersehbar, ganz ähnlich wie bei der Einberufung zum Piloten.

Nicht nur das Fliegen an sich bedeutet eine große Verantwortung für den Kapitän. Auch im Verlauf von kurzen fünf Minuten während der Vorbesprechung ein gutes Team für zwei, vier, sechs oder gar zehn Stunden Flug zu formen, ist eine Herausforderung, eine große Kunst. Denn bei jedem Flug treffen sowohl die Kabinencrew als auch die Piloten in einer ganz neuen Konstellation aufeinander. Und jeder von ihnen ist in einer anderen tagesabhängigen Verfassung. Die Aufgabe des Kapitäns ist es meiner Ansicht nach, jedem im Team das Gefühl zu vermitteln, gesehen und anerkannt zu werden, ja, gleichermaßen wichtig zu sein. Als Kapitänin habe ich die Möglichkeit, jeden im Team über meine Planung und meine Entscheidungen transparent zu informieren und sie alle im Loop zu halten.

So gilt es auch während des Flugs, die Hierarchie möglichst flach zu halten. Wenn es einem Kapitän wichtiger wäre, dass er als Erstes eine Mahlzeit aus der *first class* erhält, anstatt zu fragen: »Ist für alle genug zu essen da?«, wird die Atmosphäre auf dem Flug möglicherweise getrübt sein. Wer will schon über solche eindeutigen Zeichen eines Macht-gefälles herabgesetzt werden?! Die Beziehungen verändern sich spürbar, wenn man plötzlich einen Streifen mehr auf der Bluse hat. Je weiter man in der strukturellen Hierarchie aufsteigt, desto weniger Feedback erhält man, desto distan-zierter reagieren Crewmitglieder normalerweise. Mir war das sehr unrecht. **Ich habe von Anfang an immer *mit* dem Team gearbeitet, nie einfach darüber bestimmt.** Dafür gibt es ja auch eine klare Rollenverteilung. Während der Briefings zeige ich meine Offenheit, lade zur Kommuni-kation ein. Ich will vermeiden, dass sich das Team einzig als Befehlsempfänger empfindet. Es ist doch so viel mehr. Mich interessiert jeder Einzelne gleichermaßen. Diese zu-gewandte Haltung zeigt Wirkung. So mancher Copilot, der zum ersten Mal mit mir fliegt, ist verwundert: »Mensch, Cordula, bei dir geht es im Cockpit zu wie im Taubenschlag! Das kenne ich von anderen Flügen gar nicht.« Scheinbar fühlen sich die Crews wohl und kommen gerne mal kurz zu uns Piloten nach vorne.

Die Meinung der anderen im Team ist mir immer wich-tig. So wollte ich auch hören, ob mein Copilot meinte, wir sollten vielleicht anderswo landen, als wir einmal auf dem Flug zum Flughafen JFK in New York plötzlich über dem etwa 350 Kilometer entfernten Boston kreisen muss-ten, weil wir keine Landeerlaubnis in New York erhielten. Es war ein schöner Tag gewesen, beim Abflug waren keine Wetterfronten im Anfluggebiet angekündigt. Deshalb hat-ten wir auch nicht mehr als nötig tanken lassen. Doch nun das: Der amerikanische Fluglotse hielt uns in der Warteschleife. Und das ohne jegliche Auskunft, wann wir wohl landen könnten. Wir hatten auch keine Ahnung, *warum* der Flughafen komplett für Abflüge und Landungen gesperrt zu sein schien und sich alles staute. Nach vielen Runden über Boston wurde unser Sprit langsam knapp. Mein Copilot und ich waren uns schnell einig: Am besten, wir würden gleich hier in Boston auf dem Verkehrsflughafen landen. Genau so entschied ich es dann mit ihm. Auch unsere Fluggäste waren, dort angekommen, beruhigt zu hören, dass es kein wirkliches Problem oder gar eine Gefahr gegeben hatte. Die Begründung erhielten wir kurze Zeit später: Die *Air Force One,* das Dienstflugzeug des US-amerikanischen Präsidenten, war zur gleichen Zeit in JFK gelandet, als wir es angepeilt hatten. Deshalb hatte man alles abgeriegelt und uns nicht durchgelassen. In Boston tankten wir neuen Sprit, ließen den Präsidenten durchziehen und konnten so nach einer kurzen Verzögerung weiter nach New York fliegen. Das war klasse Teamarbeit.

Zudem ist es mir als Kapitänin immer wichtig, dass nicht nur mein Team meine Entscheidungen nachvollziehen kann, sondern auch die Fluggäste. Vor einem Start in Vancouver Richtung Deutschland gab es einmal ein technisches Problem: Nicht alle Lichter über der mittleren Sitzreihe gingen an. Ich informierte mich sofort, wie viele intakte Lichter in der Kabine für einen Flug mindestens vorgeschrieben sind. Die Reihe war ziemlich lang, und es war schon sehr spät, die Gäste waren bereits eingestiegen. Es musste jetzt alles schnell gehen. Der Techniker, der sofort an Bord kam, meinte, wir müssten den Strom einmal komplett ausschalten, um nachvollziehen zu können, wo der Fehler lag. Also machte ich eine Durchsage: »Liebe Gäste, es wird jetzt gleich einmal kurz ganz dunkel werden. Es handelt sich nur um einen notwendigen Schritt bei der Reparatur der Oberlichter.« Doch auch als der Strom wieder angeschaltet war, blieben einzelne Lichter weiterhin aus. Zwei weitere Reparaturoptionen und zwei Durchsagen später blieb alles wie gehabt. Was also tun? Erst einmal wollte ich mir ein Bild von der Stimmung unter den Fluggästen machen, ging durch die Kabine und unterhielt mich kurz mit einzelnen Passagieren: »Haben Sie Fragen?« Eine Frau lächelte mich freundlich an: »Es ist doch sowieso ein Nachtflug! Da brauchen wir doch gar nicht so viele Lichter.« Obwohl ich noch keine Entscheidung getroffen hatte, ob wir fliegen würden oder nicht, stellten wir es den Gästen bereits zu diesem Zeitpunkt frei, mitzufliegen oder am Flughafen zu übernachten und am folgenden Tag ein anderes Flugzeug zu nehmen. Nur ein einziger Gast zog es gleich vor auszusteigen. Alle anderen schenkten uns ihr Vertrauen. Doch auch alle weiteren Versuche scheiterten, die Lichter zu reparieren. Und da eine gewisse Mindestanzahl an funktionierenden Lichtern Voraussetzung dafür ist, dass ein Flugzeug mit Gästen abheben darf, mussten letztendlich doch alle Passagiere aussteigen. Was für eine Herausforderung für das Bodenpersonal, 250 Menschen spontan unterzubringen und sie umzubuchen! Aber es blieb uns nichts anderes übrig. Nur die Crew flog anschließend mit dem Flugzeug zurück nach Deutschland, wo die Lichter schließlich repariert wurden.

Genauso, wie es wichtig ist, den Copiloten in Entscheidungsfindungsprozesse einzubinden, ist es wichtig, die Kabinencrew nicht außen vor zu lassen. Auch sie müssen einen Teamgeist spüren und das Gefühl haben, dass man sie nicht übergeht, damit die Atmosphäre an Bord locker und entspannt ist. Das hat für mich grundsätzlich etwas mit einem respektvollen Umgang zu tun. Hinten ist dicke Luft, weil zwei Flugbegleiter sich nicht einig sind? Eine Purserette, also die Kabinenchefin, hat sich an einem Trolley verletzt? Ein Gast verhält sich renitent? Ich überlege immer sofort, wenn ich von solchen Vorfällen höre, ob ich vielleicht eine Idee habe, wie man die Situation retten und eine Lösung finden kann – gemeinsam mit den Flugbegleitern. Ich empfinde mich auch als Kapitänin eben immer als Teil des Teams.

Als Kapitänin musste ich wirklich an alles denken. Alle Aspekte eines Fluges – vorher, währenddessen und nachher – musste ich ab jetzt in meinem Kopf bündeln: Menschen, Maschinen, Rechte, Ziele, die Interessen vieler anderer Beteiligter im Flugbetrieb. Was ist für alle Seiten die beste Entscheidung, die beste Koordination, die beste Konstellation? Ich war ab sofort in jeden Prozess rund um einen Flug eingebunden. Bei mir laufen als Kapitänin alle Fäden zusammen. Rampenagenten, Tanker, Techniker, *gate manager*, *flight manager*, Flugsicherungsmitarbeiter – alle haben ihre Belange, Wünsche, Notwendigkeiten, ein Mitspracherecht, um ihren Job möglichst reibungslos ausüben zu können. Ist nur ein einziger Parameter nicht so wie geplant, bin ich dafür verantwortlich, dass das Mobile wieder ins Gleichgewicht kommt und nicht kippt.

Nehmen wir den verspäteten Gast noch mit? Sollte das Gate nicht schon längst freigeräumt sein? Schaffen wir es zeitlich noch, diesen Wagen mit Gepäck einzuladen? Wie lange müssen wir darauf warten, bis der Fluglotse uns einen Slot zum Take-off zuweist? Ist es sinnvoll, schon jetzt auf die Vorfeldposition zu fahren? Diese und viele Abwägungen mehr sind bei fast jedem Flug Thema. Was auf der einen Seite Verantwortung und große Konzentration bedeutet, bietet auf der anderen Seite einen enormen Gestaltungsspielraum. Dieses Vabanquespiel hat mir von Anfang an großen Spaß gemacht. Ich muss mich blitzschnell in alle möglichen Perspektiven versetzen und daraus die Elemente filtern, die die Grundlage meiner Entscheidungen bilden.

»Du wirkst immer so souverän und strahlst so eine Ruhe aus!«, höre ich oft von Kollegen und Kolleginnen. Dass es in mir manches Mal gar nicht ruhig ist und auch ich unter Druck geraten kann, lasse ich mir nicht anmerken. Warum auch? Es würde niemandem helfen. Zu meinem Job gehört es, eben genau so eine Ruhe zu vermitteln, damit keine unnötige Nervosität aufkommt. Ich versuche schon allein mit meiner Stimme eine gute Atmosphäre zu verbreiten. Die Durchsagen sind natürlich gerade für wartende, genervte oder gar besorgte Passagiere von größter Bedeutung. Sie stellen die Verbindung zur Welt außerhalb der Kabine dar und sollten deshalb klar und verständlich formuliert sein. Nuschelnde Piloten sind ein No-Go. Aber leider ist die Soundanlage auch nicht in jedem Flugzeug gleich gut. Da kann man sich noch so anstrengen, deutlich zu sprechen – es hilft nur, im Cockpit die Lautstärke höher zu stellen. Anfangs musste ich noch etwas experimentieren und mich ausprobieren, aber mit der Zeit lernt man, welche Formulierungen gut ankommen und welche eventuell Unsicherheit verbreiten. Die Flugbegleiter gaben das Feedback der Fluggäste immer an mich weiter, sodass ich daraus lernen und mich ihren Bedürfnissen anpassen konnte. Mittlerweile habe ich ein paar Standardelemente bei meinen Durchsagen, die mir wichtig sind: So stelle ich zum Beispiel jedes Mal meinen Copiloten namentlich vor und danke dem Team in der Kabine. Standard ist bei mir auch, dass ich meine Passagiere auf den neuesten Stand bringe, falls und warum es Verzögerungen gibt. Wenn man weiß, woran man ist, staut sich weniger Ärger auf. Denn nicht immer sind Passagiere ruhig und entspannt oder halten sich an die Verhaltensregeln. Bereits auf einem meiner ersten Flüge als Kapitänin musste ich einen Gast wieder ausladen, der betrunken eingecheckt hatte. Wie sollte ich mit dem Mann umgehen, der eine Flugbegleiterin anpöbelte? Er ließ sich nicht in seine Schranken weisen. Als er nicht ruhig sitzen blieb, entschied ich, ihn aus dem Flugzeug zu verweisen. Eine unangenehme Aufgabe! Doch nun war ich auch dafür zuständig.

Entscheidungen, Entscheidungen, Entscheidungen … Als ich nach meinen ersten fünf Tagen im Dienst als Kapitänin nach Hause kam und mein Mann mich fragte: »Was sollen wir heute Abend essen?«, sackte ich nur todmüde auf dem Sofa zusammen und schlief erst mal ein. »Heute bitte keine Entscheidungen mehr!«

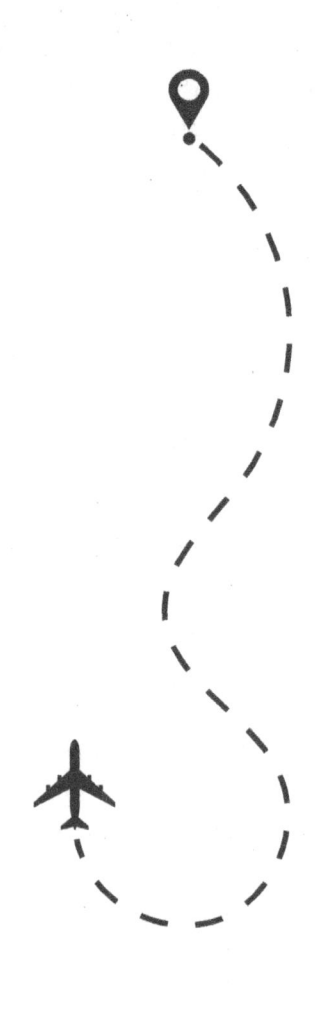

6

(K)ein zerplatzter Traum

Ich flog leidenschaftlich gerne als Kapitänin, aber das All hatte es mir nach wie vor angetan. Wann endlich würden wieder Europäer ins All fliegen? Ich wartete sehnsüchtig Jahr um Jahr darauf, dass die Europäische Weltraumorganisation ESA neue Astronauten rekrutieren würde und ich meinen Lebenstraum von der Raumfahrt endlich verwirklichen könnte.

Doch all die Zeit tat sich – nichts. Die Amerikaner flogen ins All. Die Russen flogen ins All. Aber für die Europäer herrschte Flaute. Es gab einfach keine Ausschreibung. Und die Warteliste war voll. 14 Jahre lang. Die Europäer waren im Roulette der freien Plätze abhängig von den Großmächten, die nur gewisse Kontingente vergaben. Und wir waren von ihnen abhängig, weil wir nun mal kein eigenes Shuttle hatten. Die ESA war zu der Zeit schon ein besonderes Konstrukt, ein Zusammenschluss aus mehreren europäischen Ländern – damals keineswegs selbstverständlich.

All die Jahre hielt ich mich stets up to date, verfolgte alle relevanten Nachrichten und Informationen. Mir entging nichts. Zu meinem Glück wurden zu der Zeit die Space-shuttle-Missionen häufig von der Presse begleitet. Also gab es immer etwas zu lesen oder anzuschauen. In all den Jahren als Pilotin verging kein Tag, an dem ich nicht auch an mein zweites Lebensziel dachte oder mich in irgendeiner Weise darauf vorbereitete, Astronautin zu werden – dieser Herzenswunsch war noch immer ein Teil von mir. Und ich hielt mich weiter bereit – ich wusste ja nicht, wann der Tag kommen würde, an dem ich mich endlich bewerben konnte. Ich blieb zwar voll und ganz im Hier und Jetzt, freute mich aber darauf, was noch im Leben kommen würde.

Alles, was ich tat, um für die Raumfahrt einsatzbereit zu sein, kam auch meinem Alltag als Pilotin zugute. Es gibt ja viele Parallelen zwischen den Berufen: Man muss in extremen Situationen einen kühlen und klaren Kopf bewahren können, ein hohes Maß an Teamfähigkeit haben und sich körperlich wie geistig fit halten. In beiden Berufen arbeitet man in einem *high-risk environment* und ist deshalb unter Umständen mit Entscheidungen konfrontiert, bei denen Menschenleben auf dem Spiel stehen.

Meine körperliche Fitness war eine leichte Übung für mich. Ich war immer sehr sportlich gewesen, brauchte die athletische Bewegung, damit ich mich in meiner Haut wohl-fühlte. Nach 30 Jahren als Handballerin im Verein fand ich auch in diesem Lebensabschnitt viele Sportmöglichkeiten, die zu mir passten. Ich spielte Tennis, fuhr Fahrrad und ging regelmäßig im Main schwimmen.

Ich wusste allerdings, dass allgemeiner Fitnesssport allein nicht ausreichen würde. Tauchen zu können, zum Beispiel, war für die Bewerbung für einen Raumflug definitiv von Vorteil, denn es war eine gute Vorbereitung für das Astronautentraining zur Bewegung in Schwerelosigkeit. Also nutzte ich jede Gelegenheit, um tauchen zu lernen. Zu der Zeit versuchte ich möglichst häufig, Flüge nach Dschidda, einer Hafenstadt in Saudi-Arabien, übernehmen zu dürfen. Dort belegte ich nämlich in den Stopover-Zeiten immer wieder Kurse im Tiefseetauchen. Mein sudanesischer Tauchlehrer holte mich jedes Mal zu meinen Tauchstunden am Hotel ab und brachte mich zum Tauchzentrum. Auf dem Weg dorthin durfte ich mich als Frau nie ohne Schleier bewegen, aber am Strand konnte ich mich im Badeanzug zeigen, ganz ohne Einschränkung. Tauchen zu lernen war allerdings wirklich sehr viel mehr Spaß als Pflichtübung. Ich liebte es.

Ulf Merbold hatte mich als Jugendliche ja bereits darauf eingeschworen, dass Russischkenntnisse zum Basiswissen in der Raumfahrt gehörten. Also gehörte auch das auf meine Checkliste, die ich über die Jahre abarbeitete. Zweimal nahm ich mir Bildungsurlaub in Sankt Petersburg, um Russisch zu lernen. Dort war ich 1997 und 1998 jeweils für zwei Wochen bei einer Gastfamilie untergebracht. So lernte ich sicher die Sprache schneller, als wenn ich allein in einem Hotel gewohnt hätte. Auch die russische Lebensweise konnte ich so hautnah miterleben. Russisch zu lernen war ganz und gar nicht so einfach für mich wie das Tauchen. Ganz im Gegenteil, ich empfand es als sehr mühsam, allein die mir unvertrauten kyrillischen Schriftzeichen zu entziffern, geschweige denn sie auszusprechen. Ich bin ja leider nicht gerade das größte Sprachtalent. Aber Russisch ließ sich nicht umgehen. Da ein Teil der Raumfahrt von Russland finanziert wurde und dort startete, war es keine Frage, dass man mindestens rudimentäre Sprachkenntnisse vorweisen können sollte. Auch ein Teil der Ausbildung fand damals in Russland statt.

Aber es machte mir große Freude, in das Leben vor Ort einzutauchen und im Kontakt mit den Einheimischen zu sein, mich mit Händen und Füßen und vor allem mit einem Lächeln zu verständigen. Ich erinnere mich noch sehr lebendig an die langen dunklen Hausflure des Mehrfamilienhauses mitten in der Altstadt und an die *Babuschkas*, die alten Frauen mit ihren bunten Kopftüchern, ihrem selbst gemachten Joghurt und den noch warmen selbst gebackenen Fladenbroten. Leider war mir bei einem Ausflug an den Strand der Rucksack aufgeschnitten und der Reisepass gestohlen worden. Ich war sehr ärgerlich: »Ich möchte dich so gerne lieb haben, du schönes Russland, aber du machst es mir nicht gerade leicht«, fluchte ich auf das Meer hinaus. Auch musste man aufpassen, nicht von der Polizei zurückgepfiffen zu werden, wenn man die Straße kreuzte. Das war offensichtlich nur bei Übergängen mit Ampel erlaubt. Sankt Petersburg war dennoch jedes Mal ein wunderbares Erlebnis. Ich konnte mich nicht sattsehen an den alten Gebäuden. Was für ein architektonisches Juwel!

Beim Abschied ließ ich mir von meiner Gastmutter auf Russisch ein paar Sätze aufschreiben, die ich gut bei einer

Durchsage für einen Flug benutzen konnte, eine freundliche Begrüßung und einen Hinweis auf das Wetter. Wenn ich in Zukunft nach Moskau, Taschkent oder Almati unterwegs war, konnte ich nun meine Passagiere mit ein paar Worten in ihrer Muttersprache überraschen. Übrigens – trotz meiner doch sehr deutschen Betonung – sehr zur ihrer Freude, wie mir ihr Applaus zeigte.

Kontakte in die Welt der Raumfahrt zu knüpfen erschien mir auch weiterhin sehr sinnvoll und nützlich. Ich blieb auf diese Weise erstens enger mit dem Thema verbunden, und zweitens konnte ich viel von Astronauten wie zum Beispiel Gerhard Thiele lernen. Ihn traf ich, als ich im Jahr 2000 während einer Berufsmesse in Köln für die Lufthansa das PR-Projekt »Cockpit live« präsentierte und Messebesucher in einem Simulator das Fliegen erläuterte.

Thiele war genauso wie Ulf Merbold ein nüchterner Typ, Wissenschaftler eben. Aber er war mir gegenüber sehr freundlich und aufgeschlossen. Als er hörte, dass ich mich selbst auch für die Raumfahrt interessierte, lud er mich gemeinsam mit seinem Kollegen Hans Schlegel spontan zum Start des Spaceshuttles *Atlantis* in Cape Canaveral in Florida ein. Auf dieser Mission STS-122, bei der Schlegel an Bord war, sollte das sogenannte Columbus-Modul auf der internationalen Raumstation ISS installiert werden. Am Vorabend des geplanten Fluges waren mein Mann und ich zu einem Grillabend mit der gesamten Besatzung und deren Angehörigen eingeladen. Am Tag davor hatten wir noch das Kennedy Space Center besucht und alles, was dort öffentlich zugänglich war, angeschaut. Leider wurde die Space-Mission aufgrund der ungünstigen Wetterlage um einige Tage verschoben. Da wir unseren Rückflug nicht verlegen konnten, erlebten wir den Start leider nicht mit. Dennoch war diese Reise ein wahres Schlüsselerlebnis! Noch nie war ich dem Weltraumvibe näher gewesen. Gast in diesem Setting zu sein, zu dem ich mir ja auch wünschte zu gehören, war unfassbar. Was für ein Gefühl! Mit Gerhard Thiele blieb ich stets freundschaftlich verbunden. Die Nähe zu ihm tat mir immer gut. Und ich hatte so auch weiterhin einen direkten Draht in die Welt der Raumfahrt. Was dort geschah, bekam ich von nun an von ihm *first hand* mit.

Zudem studierte ich parallel zu allem anderen, was ich in meinem Leben tat, auch noch Naturwissenschaften, darunter Astronomie, Astrophysik, Ozeanografie und Geografie an der Open University in Milton Keynes nördlich von London. An dieser Fernuniversität machte ich 2004 schließlich den Bachelor. Immer wieder musste ich dafür auch in Großbritannien sein, während sich mein Mann um die Kinder kümmerte. Die mehrwöchigen *summer schools* an verschiedenen Universitäten wie Edinburgh oder Brighton haben mir immer viel Spaß gemacht. Wegen des tollen britischen Humors der Professoren konnte ich mich vor Lachen manches Mal gar nicht richtig konzentrieren.

2008 kam schließlich der Tag der Tage für mich: Die ESA suchte europaweit neue Astronauten. Freunde, die vor mir im Internet davon gelesen hatten, leiteten mir die Neuigkeit weiter. Als ich die Nachricht auf meinem Computer las, klappte ich den Deckel erst einmal zu und blieb ganz ruhig sitzen. In meinem Kopf fing es an zu rattern, ich ging meine über Jahre gepflegte innere Checkliste durch – hatte ich nichts vergessen? War ich in allen Bereichen auch wirklich so gut, wie ich nur sein konnte? Wo musste ich noch nachbessern? Mein Gehirn gab Gas in meinen durchaus ausgeprägten Zielstrebigkeitsmodus: »Ich mache das jetzt. Ich weiß, die Wahrscheinlichkeit, dass ich genommen werde, liegt im Promillebereich. Aber ich bewerbe mich dennoch. Ohne Wenn und Aber. Ganz klar.« Ob ich nun genommen werden würde oder nicht: **Ich bin immer meinen Weg gegangen**, ohne zu zweifeln.

Im Jahr vor der ESA-Ausschreibung war ich mit meinem eigenen persönlichen Sturm konfrontiert gewesen: Mein Mann und ich steckten mitten im Ausbau unseres Hauses, unsere zwei Töchter wuselten überall herum und brauchten viel Aufmerksamkeit – und gerade, als ich von der Lufthansa die Möglichkeit bekommen hatte, als Kapitänin auf Langstrecke zu fliegen, erlitt ich einen Bandscheibenvorfall. Kein Wunder, könnte man meinen, bei all dem Stress. Ein befreundeter Arzt nannte mir zwei Alternativen: Entweder man operiert, oder man könnte den Vorfall konservativ behandeln, die Wirbelsäule also stabilisieren, alles ruhen lassen und abwarten. Das hätte einige Zeit gedauert, Wochen oder gar Monate, in denen ich unfähig gewesen wäre zu arbeiten oder überhaupt irgendetwas zu tun. Aber ich hatte ja keine Zeit. Ich hatte mich gerade auf Kurzstrecke bei Condor Berlin eingeflogen und sollte drei Wochen nach dem Anruf bereits meine Umschulung beginnen. Ich musste mich also sofort entscheiden. Würde ich diese Chance verstreichen lassen, wäre ein anderer an meiner Stelle nachgerückt. Und wer weiß, wann ich dann wieder gefragt worden wäre. Also sagte ich den Job zu und entschied mich für die operative Methode. Schon zwei Tage später lag ich unter dem Messer. Kurz nach der Operation begann ich mit einer intensiven Physiotherapie, täglich mehrere Stunden lang. Nach nur zehn Tagen in Reha meldete ich mich in Frankfurt. Ich hatte keine starken Schmerzen mehr und fühlte mich fit genug. Das bestätigte mir auch der Betriebsarzt, von dem ich mich bei Antritt untersuchen lassen musste. Ich hatte es geschafft. Doch das alles war ein Klassiker für mich: Wenn ich etwas will, bekomme ich die Kraft dafür schon von irgendwoher. Das war schon immer so gewesen. Ich war nicht zu bremsen.

Die Kapitänslizenz für den Langstreckenflieger *Airbus A330* hatte ich also in der Tasche und war nun mehr als glücklich über diesen neuen Meilenstein in meinem Leben. Ich freute mich auf meine Flüge, auf meine neue Aufgabe. Und dann plötzlich auch noch das!

Für die Bewerbung bei der ESA musste ich ein medizinisches Gutachten mitschicken, mein Abiturzeugnis, ein Empfehlungsschreiben meines Flottenchefs und Nachweise über meinen Studienabschluss erbringen. Auch meine Pilotenlizenz war, wie für jeden Bewerber, der eine hatte, von großem Vorteil. Zudem musste ich einen Essay darüber schreiben, warum ich Astronautin werden wollte. Den Text hatte ich quasi schon in der Schublade, denn der Wunsch war ja alles andere als neu. Hier ein Zitat daraus: »Für mich ist der Weg das Ziel. Mein großer Wunsch wird bereits durch das Astronautentraining und seine Vielseitigkeit, die wissenschaftliche Arbeit, die Sprachen, den Sport, die Psychologie, erfüllt.« Als ich den Umschlag mit meinen Unterlagen zur Post brachte, ging es mir bei jedem Schritt besser: »So viele Jahre habe ich darauf gewartet, zumindest die Möglichkeit einer Bewerbung zu haben! Und jetzt ist es so weit.«

Nun war wieder Geduld aufzubringen angesagt. Ich hatte keine Ahnung, wann ich eine Antwort erhalten, ob ich zum Eignungstest eingeladen werden würde. Ein ganzes Jahr lang blieb ich so im Unklaren. Ich tat meinen Job und versuchte, nicht zu sehr und nicht zu oft daran zu denken.

Aus ganz Europa hatten sich damals 10 000 Bewerber bei der ESA beworben, mit den unterschiedlichsten Hintergründen und Berufen. Ein wichtiges Kriterium: die Privatpilotenlizenz, die ich ja bereits in der Tasche hatte! 500 von ihnen wurden zum ersten Eignungstest eingeladen. Und nur 30 davon schafften es in die zweite Runde, die in Köln stattfand. Ich wurde eine von ihnen! Mein großer Traum war endlich in Erfüllung gegangen.

Die erste Bewerbungsrunde fand im Deutschen Zentrum für Luft- und Raumfahrt in Hamburg statt. Ein Déjà-vu – wie gut kannte ich diesen Ort! Genau dort hatte ich 1989 auch den Bewerbungsprozess für den Pilotenjob durchlaufen. Zwei Tage lang mussten wir stundenlang Computertests machen. Zuerst war man nur eine Nummer und konnte sich noch nicht persönlich einbringen oder zeigen. Das änderte sich in der zweiten Runde in Köln, wo wir unter anderem in Interviews auf unsere Persönlichkeit geprüft wurden.

Auch wenn wir Bewerber zwar bei den Tests miteinander konkurrierten, so arbeitete ich doch mit meinen Anwärterkollegen zusammen. Ich teilte stets mein Wissen mit den anderen, auch auf die Gefahr hin, dass sie den Job bekamen. Aber ich war der Meinung, wenn die Prüfer nicht sehen, wer ich bin, oder wenn ich nicht in ihr Profil passe, dann soll es wohl nicht sein. Ich weiß noch, wie ich mit Thomas Pesquet meine Informationen über die Assessment-Center und die Gruppenübung teilte. Er war damals Ingenieur und Pilot bei Air France. Und hat es geschafft: Heute ist er wirklich Astronaut.

Unter den letzten sechs Kandidaten, die von der ESA ausgewählt wurden, war kein einziger deutscher Pilot. Dafür hatte es der Wissenschaftler Alexander Gerst in die letzte Auswahl für das Astronautenkorps der ESA geschafft.

Dass allerdings eine italienische Militärpilotin einer zivilen Pilotin wie mir vorgezogen wurde, lag wohl eher nicht an ihrer besseren Qualifikation. In der Raumfahrt, wo Geld und Macht eine große Rolle spielen, hatten sich – so erzählte man es sich später hinter vorgehaltener Hand – politische Kräfte vor allem für italienische Piloten eingesetzt.

Nachdem ich erfahren hatte, dass ich nicht zu den Auserwählten gehörte, war meine Enttäuschung natürlich groß. Ich fragte mich, woran es wohl gelegen hatte. War ich vielleicht mit meinen 37 Jahren schon zu alt? Konnte ich nicht genug wissenschaftliche Arbeit vorweisen – ich hatte zwar einen Bachelor, aber mein Studium in Aachen hatte ich damals ja nicht abgeschlossen? Hatte ich irgendetwas Falsches gesagt? Ich zerbrach mir eine Zeit lang den Kopf darüber. Aber dann wollte ich von alldem nichts mehr wissen. Ich konnte es ja sowieso nicht ändern, selbst wenn ich den Grund gekannt hätte. Es war eine Welt zusammengebrochen, und ich wusste: Es würde keine weitere Chance für mich geben.

Jahrelang habe ich mich intensiv mit der bemannten Raumfahrt beschäftigt. Doch nun war das Thema für mich schlagartig abgeschlossen. Ich räumte meine vielen Bücher dazu erst einmal zur Seite, wollte nicht daran erinnert werden. Ich verfolgte auch keinen Shuttle-Start mehr, so wie ich es früher getan hatte. Wenn Freunde mich auf irgendetwas Interessantes im Zusammenhang mit Raumfahrt hinwiesen, wofür ich früher sofort Feuer und Flamme gewesen wäre, winkte ich jetzt nur ab: »Lasst mich damit bitte in Ruhe!« Natürlich löste sich mein Interesse an der Astronomie, der Astrophysik und allen anderen Wissenschaften rund um die Raumfahrt nicht in Luft auf. Aber ich musste mich schützen, denn ich wäre wohl jedes Mal wehmütig geworden, wenn ich mich wieder eingehender damit beschäftigt hätte.

Ich wandte mich also bewusst davon ab und zog erst einmal eine klare Grenze. Ich war nicht nur enttäuscht, sondern auch gekränkt. Es fühlte sich wie eine Niederlage an. Ich hatte so viel investiert, war meinem Ziel so nahegekommen. Und doch blieb es unerreichbar. Das arbeitete natürlich in mir. Aber ich konnte es nicht ändern, also wollte ich es so schnell wie möglich akzeptieren. Wie es meine Art ist, bewahrte ich einen kühlen Kopf. Letztendlich wusste ich ja, dass es nicht daran lag, dass ich nicht genug geleistet hatte oder nicht gut genug gewesen war. Ich hatte nicht versagt. Der Grund dafür, dass ich nicht genommen wurde, lag nicht in mir, sondern hatte andere, externe Gründe.

Erst viele Jahre später kamen 2017 über das privat mit Spenden finanzierte Auswahlverfahren »Die Astronautin« – für weibliche Astronautinnen – zwei deutsche Frauen, Suzanna Randall und Insa Thiele-Eich, in die finale Auswahl. Eine von ihnen könnte jetzt zur Raumstation ISS fliegen. Ich habe die beiden persönlich kennengelernt. Es sind klasse Frauen, mit denen ich gute Gespräche führte. Ich beneide sie um diese Chance, wünsche ihnen aber von Herzen alles Gute.

Nachdem ich meine Enttäuschung verarbeitet hatte und sie loslassen konnte, fragte ich mich, was ich Positives daraus mitnehmen könnte. Konnte ich etwas daraus lernen? Ich musste nicht lange überlegen. So schmerzlich die Erfahrung gewesen war, so knapp vor dem Ziel ausgebremst worden zu sein, es hatte doch auch ganz deutlich etwas Gutes für sich: Grenzen zu spüren – auch die eigenen –, sich nicht »allmächtig« zu fühlen, hat mich gelehrt, noch demütiger zu sein. Ich hatte stets den Mut, die Dinge, die ich spannend fand, auszuprobieren. Natürlich hatte ich meine Ziele auch immer mit eigener Kraft verfolgt. Und ich hatte stets ein relativ hohes Maß an Resilienz und Selbstwirksamkeit. Alles gute Voraussetzungen, das zu erreichen, was ich mir vorgenommen hatte. Dennoch fragte ich mich oft, ob es doch vielleicht nicht nur Glück gewesen war.

Wenn aber alles immer nur flutscht, besteht die Gefahr der Selbstüberschätzung. Aber: Überheblichkeit kann zu Leichtsinn führen und ist in einem solch verantwortungsvollen Job wie der einer Pilotin hochriskant. Ich glaube nicht, dass das ein allzu großes Risiko für mich war. Ich war stets auf dem Boden geblieben. Aber ich machte mir die Gefahr dennoch noch einmal bewusst und verinnerlichte die Lehre, die ich aus meiner Niederlage ziehen konnte. Und lenkte meine Aufmerksamkeit auf die nächste Aufgabe, die mir das Leben bot.

7

Exoten vor!

Herausforderungen ließen nie lange auf sich warten. »Schließt sich eine Tür, öffnet sich eine andere« – das kannte ich auch aus meinem eigenen Leben. Nachdem ich also doch nicht Astronautin wurde und der Schmerz darüber abgeklungen war, sah ich durch Zufall eine Ausschreibung bei Lufthansa für die Stelle eines Ausbildungskapitäns. Und dann auch noch genau für den Flugzeugtyp, den ich bereits flog: das damals neueste Modell von Airbus, den *A340*. Zudem hatte ich ja schon Erfahrung als Seminarleiterin und Beraterin. Die Voraussetzungen waren also erfüllt. Aber ich überlegte: Wollte ich wirklich erneut aus meiner Komfortzone ausbrechen – es fühlte sich doch momentan alles so gut an? Sollte ich schon wieder neue Ufer betreten? Oder brauchte ich gerade jetzt Ablenkung, neue Inspiration? In meinem Kopf ratterte es.

Im Simulator war ich in der Regel mit meiner Leistung nicht zufrieden und empfand mich »auf Strecke«, also beim richtigen Fliegen, als deutlich besser. Lag das womöglich an der Prüfungssituation, in der man sich im Simulator befindet? Wurden die alten Stresssynapsen aktiviert, die der unfaire Ausbilder damals in mir hatte sprießen lassen? Oder hatte ich etwa wirklich Prüfungsangst? Immer noch? Ich kannte das ja von früher, genauso gut wie viele meiner Kollegen: Nervosität und sogar Durchfall – und immer das Gefühl, nicht gut genug vorbereitet zu sein. Wollte ich vielleicht dazu beitragen, dass die nächsten Generationen von Piloten genau diese negativen Gefühle nicht mehr haben müssen, sondern zuversichtlich aufgebaut werden? War ich nun an der Reihe? Sollte ich jetzt den Sprung auf die andere Seite wagen? Allzu lange musste ich nicht darüber brüten. Die Zeit war reif, das spürte ich schnell und deutlich. Ich traute es mir eindeutig zu. Außerdem kam mir die Ablenkung gerade wirklich recht. Und ja: Keiner meiner zukünftigen Trainees sollte nach der Ausbildung bei mir noch Prüfungsangst haben. Ich nahm mir vor, als Ausbildungskapitänin jeden Einzelnen dabei zu unterstützen, mit großem Selbstvertrauen zu fliegen.

Gut durchdacht, aber ohne zu lange zu zögern, entschied ich mich für eine Bewerbung. Ich hatte mit unserem Management während meines Bewerbungsprozesses für die ESA viel Kontakt gehabt, schließlich mussten sie informiert sein, dass ich ein paar Jahre ausgefallen wäre, wenn es klappen würde. Auch brauchte ich Referenzen. Das Gute daran war nun, dass ich den Managern also bereits ein Begriff war. Sie wussten um mein Engagement und mein Profil. Immer das gleiche Spiel: abwarten. Vier Wochen im Ungewissen, in denen ich positiv aufgeregt war: »Cordula, es liegt Neues und Tolles vor dir!« Ich hatte es im Gefühl gehabt: Die Einladung flatterte ins Haus, das Erstgespräch lief super – ich konnte meine Motivation auf den Punkt bringen und auch mit meinem technischen Wissen überzeugen. Mein ganzes Wesen hellte sich wieder auf, neue Energie durchströmte mich. Nach weiteren zwei Wochen kam die Zusage für die Prüfung im Flugsimulator. Neben mir hatte sich noch ein etwas älterer Kollege beworben. In sich jeweils abwechselnden Rollen, jeder von uns einmal als Trainer auf dem rechten und einmal als Trainee auf dem linken Sitz, wurden wir in drei Runden zu je zwei Stunden unter die Lupe genommen. Mit jeder Runde wurde die Latte noch höher angesetzt. Bis wir dabei in Risikozonen versetzt wurden, die man sich nie erträumt hätte oder je im wahren Leben durchmachen möchte. Als drei der vier Triebwerke eines *Airbus A340* ausfielen, wurde ich an die Grenze meiner Belastbarkeit gebracht … Die Simulation war so echt, dass das Adrenalin in die Höhe schnellte und ich mich fragte, wie ich aus dieser schwierigen Situation herauskomme. »Wie schaffe ich es, dass wir sicher landen können und überleben?« Man unterscheidet an einem solch kritischen Punkt im Kopf nicht mehr zwischen real und simuliert. Nach dieser heiklen Phase mussten wir uns gegenseitig debriefen, also uns vor unseren Prüfern sagen, wie wir das gerade gezeigte Verhalten des anderen beurteilten. Mir als versierte Moderatorin fiel das nicht schwer. Doch meinem Mitbewerber merkte man an, dass er von Frauen in der Kapitänsrolle, geschweige denn in der Ausbilderfunktion, nicht viel hielt. Das ließ er mich deutlich spüren, war mir gegenüber äußerst wortkarg. Ich merkte, dass er keinesfalls wollte, dass ich einen Vorteil dadurch hätte, dass ich Seminare halte und besser reden konnte. In dieser negativen Energie schienen ihm die verbalen Fähigkeiten dazu jedoch abhandengekommen zu sein. Er war nicht sehr überzeugend. Und danach auf jeden Fall raus.

Meine Freude hingegen war riesengroß, denn ich sollte nun nur noch meine Fähigkeiten bei einem richtigen Flug unter Beweis stellen. Zehn Platzrunden über Karlsruhe und auf dem rechten Platz als Trainerin-Prüfling später, und ich war im Team. Nun fehlte nur noch ein Pädagogik-Seminar, das allerdings kein Prüfungsbestandteil war, sondern bereits zur Vorbereitung auf den neuen Job gehörte.

Nach etwa vier Monaten konnte ich mein Glück nicht fassen: Ich war nun Ausbildungskapitänin für Langstrecke.

Und ...

... weit und breit die erste und einzige Frau unter 500 Kollegen in dieser Position!

Das war 2009. Ich war gerade mal 40 Jahre alt und eigentlich bereits am Ende meiner Karriereleiter als Pilotin angelangt. Jetzt würde ich nur noch ins Management wechseln können.

Bis heute gibt es nur vier weitere Ausbildungskapitäninnen bei Lufthansa. Und von den etwa 5000 Lufthansa-Piloten sind aktuell nur etwa sechs Prozent Frauen. Diese exponierte Stellung bekam ich nahezu täglich zu spüren. »Mein Name ist Cordula Pflaum, ich prüfe Sie heute und evaluiere Ihre Arbeit.« Wenn ich mich im Briefing vorstellte, fiel plötzlich ein Schleier ehrfürchtiger Stille über den Raum. Alle Anwesenden verstummten auf einmal. Ich nehme an, dass das bei einem Mann nicht der Fall gewesen wäre. Autorität ja, aber verwunderte Blicke? Sicher nicht. Ich glaube, damals waren alle ganz einfach verunsichert. Was würde auf sie zukommen? Wird eine Frau wohl anders prüfen? Noch nie hatte jemand eine Frau in dieser Rolle erlebt. Ich konnte diese Reaktion gut nachvollziehen.

Im Flugzeug auf Strecke war das anders. Hier schien es, dass die Crew eher mehr Nähe suchte, als sie es zu einem männlichen Kapitän getan hätte. Einer nach dem anderen kam zu mir vor und wollte mich begrüßen: »Das erste Mal erlebe ich eine Pilotin auf Langstrecke – wow, das ist so toll, was du machst!« – »Ich habe mich so gefreut, mit dir zu fliegen!« »So cool, endlich einmal eine Frau im Cockpit!« – »Als ich gehört habe, dass wir zusammen fliegen, war ich ganz aus dem Häuschen!« Sätze wie diese gehörten bald zum Standard in den Gesprächen an Bord. Ich spürte die Bewunderung, die mir entgegengebracht wurde – und das große Wohlwollen, vor allem vonseiten der weiblichen Flugbegleiter. Als die hörten, dass ich selbst früher als Purserette gearbeitet hatte, gab es bei den Sympathiebekundungen kein Halten mehr. Und auch wenn das Unternehmen Lufthansa sehr groß ist und man selten mit den gleichen Kollegen fliegt, hatten offensichtlich doch viele von mir gehört. Es sprach sich herum, wer ich war und was ich tat: Cordula ist nicht nur Flugbegleiterin, nicht nur Pilotin, nicht nur Kapitänin, sie bildet nun auch noch aus.

Bei meinen Fluggästen, die ich ja vor jedem Flug begrüße, fallen die Reaktionen auch eher gemischt aus. »Guten Tag, hier spricht Ihre Kapitänin!« Ich habe schon mitbekommen, dass Gäste nachgefragt haben, ob das sein kann oder ob sie sich verhört hätten. Andere drücken mir ihre Hochachtung aus, wenn ich durch die Kabine gehe und einzelne Gäste in der *first class* begrüße. »Toll, dass uns heute eine Frau fliegt!« Natürlich reagiere ich mit Freundlichkeit auf solch gut gemeinte Bekundungen. Aber eigentlich zeigen sie mir nur, dass es – auch heute noch! – eben keine Normalität ist, dass Frauen einen Airbus oder eine Boeing fliegen, dass sie überhaupt fliegen. Und da kommt mir das alte lateinische Sprichwort in den Sinn: *nec laus nec, vituperium*, weder Lob noch Tadel. **Anerkennung nehme ich gern entgegen, das ja, aber nicht, weil ich eine Frau bin. Sondern weil ich etwas von meinem Fach verstehe.**

Aber war das Interesse nur deshalb immer so groß, weil ich eine Frau bin? Oder was ist denn an mir anders? Sicher liegt es auch daran, dass das Interesse an Menschen, vor allem an den Crewmitgliedern, mit denen ich fliege, immer auf Gegenseitigkeit beruht hat – und das bis heute tut: Ich versuche die Zeit, die man gemeinsam bei einem Kaffee vor dem Flug oder bei einem Stopover hat, zu nutzen, meine Kollegen kennenzulernen, auf sie einzugehen, auch von ihnen zu lernen. Ich begegne ihnen in allergrößter Offenheit. Ob das daran liegt, dass ich eine Frau bin? Wahrscheinlich nicht. Aber ob das allgemein so üblich ist? Wohl auch eher nicht. Auch deshalb bin ich für viele außergewöhnlich, eine Frau eben in einer Männerdomäne. Früher schotteten sich Piloten gerne in ihrem Cockpit ab und wollten nicht gestört werden. Das Höchste der Gefühle war für gewöhnlich, dass sie eine Stewardess baten, ihnen die Speisekarte für den jeweiligen Flug vorbeizubringen – und dann natürlich auch das Essen aus der ersten Klasse zu servieren. Bei vielen Fluggesellschaften war es sogar üblich, dass Piloten und Kabinencrew in verschiedenen Bussen vom Flugzeug zum Terminal fuhren, bei manchen Airlines ist das bis heute gang und gäbe. Bei der Lufthansa war das Gott sei Dank nie so. Jedes Crewmitglied ist mit seiner Arbeitskraft, wo auch immer sie eingeteilt ist, eine wertvolle Ressource, die es zu schätzen gilt. Wir wachsen im Miteinander-Arbeiten alle mehr zusammen und bilden ein größeres WIR. Das macht uns auch flexibler und in letzter Instanz sicherer, denn je besser die Kommunikation untereinander ist und je angenehmer deshalb auch das Arbeitsklima ist, umso motivierter sind alle, ihre Arbeit auf dem höchsten Niveau zu bringen. Ganz einfach: Alle machen ihre Arbeit lieber, wenn es ihnen Spaß macht.

Es mag schon sein, dass Frauen im Großen und Ganzen kommunikativer sind als Männer, aber dass ich nun in so einer extrem zugewandten Art mit meiner Crew umgehe und so locker sein kann, liegt auch daran, dass ich mich als Kapitänin nun nicht mehr ständig unter Beweis stellen und zeigen muss, was ich kann. Jetzt stellt man mein Können nicht mehr infrage. Man glaubt mir einfach, dass ich es kann. Was für eine Erleichterung! Die andere Seite der

Medaille ist, dass ich als Kapitänin *und* gleichzeitig Ausbilderin – was ich in den Köpfen meiner Kollegen hauptsächlich bin und auch immer bleibe – auch kein Feedback mehr erhalte. Es kann sein, dass meine Prüflinge wegen meiner Autorität, die ich in dieser Situation über sie habe, nicht entspannt sind, sie sich mir gegenüber verstellen, sich nicht zeigen wollen aus Angst, sie könnten nicht gut genug sein. Das kenne ich selbst ja auch zur Genüge. Doch keine Prüfung beginnt bei mir, ohne dass ich ihnen sagen würde: »Auch ich bin ein Mensch und mache hin und wieder Fehler.« Damit ist das Eis meist gebrochen.

Exoten sind Menschen, die ein Alleinstellungsmerkmal haben und aus der Masse herausstechen. Menschen, die nicht der Norm entsprechen, bereichern nicht nur unsere Gesellschaft, sondern auch den Flugbetrieb. Sie bringen Erfahrungen mit, die andere sich selbst und eingefahrene Muster hinterfragen lassen. Sie erweitern mit ihrer speziellen Erfahrung oder Lebenseinstellung die allgemeine *tool box*. Alter, sexuelle Orientierung, Geschlecht, Nationalität – wenn die unterschiedlichsten Menschen zusammenkommen und einander respektvoll begegnen, kann das gemeinsame Tun noch besser werden, können Ziele kreativer erreicht werden. Der Horizont für Lösungsansätze, wenn es Probleme oder Konflikte gibt, weitet sich mit jedem neuen Blickwinkel, der sich eröffnet. Man denkt offener, auch wenn die Generation der altgedienten Piloten sich damit noch etwas schwerer tut als die jungen. Aber auch die tragen noch so manche Stereotypen mit sich herum.

Als ich anfing zu fliegen, waren Vorurteile gegenüber Frauen im Cockpit Normalität. »Es muss für die Kollegen schon komisch sein, mit einer Frau neben sich zu fliegen …«, begrüßte mich einmal ein älterer Kapitän, als ich neben ihm kurz vor Abflug Platz nahm. »Ach, wirklich?«, dachte ich mir. Es war wohl eher so, dass er selbst es als seltsam oder befremdlich empfand. Ich lächelte ihn an: »Nö, das ist mir noch nicht aufgefallen.« Hinter meiner freundlichen Fassade war ich irritiert – nicht wegen des Inhalts seines Kommentars, sondern weil er damit die Konzentration auf das Eigentliche unterbrach, nämlich auf die Vorbereitung für einen sicheren Flug. In so einem kritischen Moment persönlich zu werden – und damit die Flugabläufe und auch die Sicherheit für alle Beteiligten potenziell zu stören –, widerspricht jeder Etikette. Das gehört zum Einmaleins des Fliegens und weiß natürlich schon jeder Anfänger. Schon allein deshalb ging ich auf diesen deplatzierten Satz nicht weiter ein. Zudem hätte ich sowieso als Copilotin und damit im Rang unter dem Kapitän den Kürzeren gezogen. Ich hielt mich also zurück und machte es mit mir aus. Und mal ehrlich: Hätte ich anders reagiert, hätte ich meinem Kapitän damals Paroli geboten und ihn womöglich auf sein unangebrachtes Verhalten hingewiesen, wäre es mir nicht vielleicht genau dann von ihm als zickiges und so typisch weibliches Verhalten ausgelegt worden? Ich habe früh erfahren, dass man als Frau nicht nur ständig mit Vorurteilen konfrontiert, sondern auch schnell in eine bestimmte Ecke gestellt wird. Oder man sich selbst dorthin stellen lässt, indem man die eigene Stimme in geeigneten Momenten nicht erhebt. Ich war am Anfang meiner Karriere eher unsicher, jetzt würde ich definitiv anders handeln und einer solchen Aussage und einem so gestrickten Mann Kontra bieten. »Warum werde ich eigentlich nicht so wahrgenommen, wie ich das möchte?«, fragte ich mich damals oft. Bis ich irgendwann merkte, dass ich keine Angst vor möglichen Konsequenzen haben darf, dass ich genauso wie meine männlichen Kollegen das Recht habe, meine Meinung zu äußern, und auch dazu zu stehen, wenn andere anders denken. Ich gewöhnte mir an, in meine Stimme mehr Volumen zu legen. Und siehe da: Es klappte. Die Macht meiner Stimme musste ich über die Zeit entwickeln. Nun, nach 19 Jahren als Kapitänin, ist sie voll da und für jeden gut hörbar.

Ich wollte nie als eine Frau wahrgenommen werden, die fliegt, sondern als ein *Mensch*, der fliegt. Ich wollte immer einen guten Job machen, ohne dass das Geschlecht dabei eine Rolle spielte. Doch immer wieder war genau das das Thema. Nach fünf Jahren Fliegererfahrung wollte ich Moderatorin für *crew resource management* (CRM) werden. Dabei handelt es sich um eine Weiterbildung für Luftfahrzeugbesatzungen, die die nicht technischen Fertigkeiten schulen und verbessern soll, um Flugunfällen aufgrund menschlichen Versagens vorzubeugen. Doch das durfte ich zuerst gar nicht – aus genau diesem Grund. »Das hat doch noch nie eine Frau gemacht!« Die Piloten würden mir ja gar nicht zuhören, fürchtete man. Nach langem Hin und Her startete man dann doch einen Versuchsballon mit mir. Und siehe da: Die Piloten hörten sehr wohl zu. Mir ging es dabei jedoch nicht um eine Stufe auf der Karriereleiter. Es handelt sich vielmehr nur um eine von verschiedenen Aufgaben, die ein Pilot bei der Lufthansa übernehmen kann. Manche Kollegen fliegen ihr Leben lang nur ihre Linie, andere verdienen ihre Lorbeeren als Manager im Konzern, wieder andere wollen unbedingt ausbilden. Die Möglichkeiten sind vielfältig. Ich wollte eben eigentlich am liebsten alles tun.

Als Frau, egal in welcher Funktion, wurde ich immer wieder in die Frauenecke gestellt: Als ich in einem Seminar zukünftige Ausbilder trainierte, sollte ich das Thema »Reaktionen von Frauen in schwierigen Trainingssituationen« entwickeln und moderieren. Das war kein Zufall. Sicher wäre erst einmal keinem Mann diese Aufgabe angetragen worden. Meine Reaktion sprach Bände: »Oh nein! Tut mir das nicht an!« Warum wurde ich als Frau als geeigneter eingestuft, andere Frauen zu trainieren, als Männer?

Natürlich wurden wir alle mit Rollenmustern geprägt. Das an sich ist nicht schlimm. Man braucht ja auch immer wieder Schubladen, um die Welt einordnen zu können, um sich zurechtzufinden, um Werte und Einstellungen für sich formulieren und sich auch abgrenzen und ganz neu definieren zu können. Man ist ja sonst ganz verloren, verwirrt und hilflos. Kategorien zu haben ist okay, man muss sich ihrer nur bewusst und außerdem bereit sein, jederzeit eine gewisse Durchlässigkeit zu erlauben. Je mehr Diversität wir im Leben erfahren, desto kleiner ist die Gefahr, dass wir aus unseren Schubladen die in ihnen verborgen schlummernden unreflektierten Vorurteile herausholen. Wenn ich Menschen kennenlerne, spielt für mich nicht deren Herkunft, ihr Aussehen, ihre Hautfarbe oder sexuelle Orientierung eine Rolle, sondern einzig, was er oder sie mir von sich zeigt. Im Dialog und in der Interaktion lerne ich einen Menschen so kennen, wie er sich mir zeigen möchte. Bei unseren Flügen haben wir es eigentlich ganz einfach: Jeder Streifen an der Uniform signalisiert, für was ihr Träger qualifiziert ist und was man von ihm erwarten kann. Da spielt sowieso alles andere keine Rolle, oder sollte keine Rolle spielen.

Ich hoffe, dass es in Zukunft mehr Frauen in den Beruf der Pilotin ziehen wird. Sechs Prozent sind zu wenig! Und je mehr Frauen fliegen, desto eher werden wir aus der Minderheitenkiste kommen. Das fände ich gut. Ich gehe immer wieder in Schulen, wenn der sogenannte *girls' day* stattfindet, und erzähle in den Klassen, was ich an meinem Beruf so faszinierend finde. Damit zeige ich, dass er genauso ein Traumberuf für Mädchen sein kann wie für Jungen.

Auch auf Berufs- und Frauenmessen bin ich regelmäßig anzutreffen, informiere Besucherinnen über meinen Beruf, vernetze mich und werbe dafür. Mein Credo: »Traut euch! Ihr könnt das.« Lufthansa als Unternehmen bemüht sich, ebenfalls mehr Frauen für den Pilotenberuf anzuwerben. In ihren Werbekampagnen sollen sich Frauen genauso angesprochen fühlen wie Männer. Eine Quote kommt hier allerdings nicht ins Spiel. Ich bin sicher, man könnte noch viel mehr Frauen dafür begeistern, Pilotin zu werden. Aber dafür müssten noch weiter die bestehenden Rollenmodelle aufgeweicht und auch Teilzeitangebote gemacht werden. Ich tue dafür, was ich nur kann, indem ich mich als Pilotin zeige, von mir erzähle. »Was ich kann, könnt ihr auch!« Ich bin davon überzeugt, dass die Schwelle, den Beruf der Pilotin zu ergreifen, langsam immer niedriger wird, je mehr man darüber erfährt, je mehr andere Frauen sich in diesen »Männerberuf« hineinwagen, je sichtbarer dieses herrliche und spannende Betätigungsfeld wird. Das heißt für mich auch, dass ich im Wartezimmer beim Arzt, beim Frisör oder beim Small Talk im Taxi auch nebenbei erwähne, was ich beruflich tue. Nicht um mich damit zu brüsten, sondern um dazu beizutragen, eine gewisse Normalität für Frauen in den früher exklusiven Männerberufen herzustellen. »Ich bin Pilotin. Interessieren Sie sich auch fürs Fliegen?« Ganz einfach, ohne großes Brimborium, meist nebenbei. Zwar sind die meisten Gesprächspartner immer noch erstaunt, aber wenigstens ist es mal wieder da draußen im Äther: Ja, auch Frauen steuern Flugzeuge! Und es werden immer mehr. Und irgendwann, hoffentlich in nicht allzu weiter Zukunft, schaut mich keiner mehr verblüfft an und sagt: »Wirklich? Das gibt's ja gar nicht.«

Uniformen sind ganz hilfreich dabei, sich nicht ständig rechtfertigen zu müssen. Das Äußere hilft ungemein, die Autorität zu unterstreichen. Kurz vor einem Flug von Frankfurt nach Boston kam einmal ein Mechaniker ins Cockpit. Er hatte offensichtlich ein Anliegen. Er sah mich kurz an und sagte dann: »Wann kommt denn der Kapitän?« Nun, der stand vor ihm. Nur hatte ich in dem Moment lediglich eine Bluse an, nicht meine Jacke, auf der die Streifen meinen Rang sofort kenntlich machen. Normalerweise gebe ich mit meinem Kapitänsstatus nicht an oder lasse ihn heraushängen. Aber in diesem Moment juckte es mich zu sehr: »Wollen Sie mal meine Epauletten zählen?« Große Augen und ein stotterndes: »Oh, ja, ähm, Entschuldigung, ich dachte nur …« Wenn also jemand meint, mich nicht beachten zu müssen, nur weil ich eine Frau bin, mache ich meine Position für gewöhnlich schnell klar. Zur Uniform gehört bei Kapitänen auch eine Mütze. Sie ist zwar nicht Pflicht, aber im öffentlichen Bereich sollte man sie doch tragen. Ich mag sie nicht besonders, weil sie mit meinen Haaren nicht gut klarkommt – oder umgekehrt. Also vermeide ich sie, wo ich kann. Doch in manchen Regionen der Welt hat es eine größere Bedeutung, ob man eine Kopfbedeckung trägt oder nicht. Zum Beispiel kommunizieren in den osteuropäischen oder arabischen Ländern tellergroße Mützen mit Goldrand definitiv: »Ich habe hier das Sagen.«

In Iran hat die Kopfbedeckung für Frauen natürlich noch einmal eine andere Bedeutung. Normalerweise wurden Frauen auf Flügen früher dorthin gar nicht eingeteilt. Wenn doch welche mitflogen, blieben sie für gewöhnlich in der Kabine, stiegen nicht aus und flogen direkt wieder zurück. Es wäre ein zu großer Aufwand gewesen wegen der Kleiderordnung, die sie hätten einhalten müssen. Doch ich war neugierig, als ich einmal nach Teheran flog, wollte die Stadt sehen und die persische Kultur ein bisschen kennenlernen. Als Copilotin setzte ich mich durch und zog mir einen Tschador über die Uniform, um so den Flughafen verlassen zu können. Es war Sommer, und ich kam dabei ganz schön ins Schwitzen. Aber das war es mir wert, denn so konnte ich in eine mir ganz fremde Welt eintauchen. Ich begegnete ihr – wie es meine Art ist – ohne Vorverurteilung, sondern mit Neugier.

So ging ich stets meiner Wege, oftmals anders als andere. Auch sind immer wieder Kollegen und Bekannte von mir erstaunt, was ich alles bewältige. Viele begreifen nicht, warum ich nicht einfach nur fliege, sondern auch noch so vieles andere mache. »Dein Tag muss 36 Stunden haben!« Mir scheint das gar nicht so. Ich habe wohl von Geburt an sehr viel Energie mitbekommen. Wo manch anderer stöhnt, dass ihm alles zu viel ist, bin ich offen und interessiert, nehme alle Gelegenheiten wahr, die sich mir bieten, und fülle mein Leben mit Erfahrungen. Daraus ziehe ich wieder neue Kraft. So zu leben ist einfach mein Naturell.

Eine neue Erfahrung für mich war auch, als ich als Beraterin an einer Übung des Spezialeinsatzkommandos (SEK) für die Stürmung eines Flugzeugs teilnehmen durfte. Der Kontakt zum Kommandeur war über meinen Mann zustande gekommen. Ich saß also auf dem Vorfeld des Nürnberger Flughafens im Cockpit einer *Boeing 737,* als die zehnköpfige Einsatztruppe übte, wie man am geschicktesten mit der Fluggasttreppe an das Flugzeug heranfährt und so schnell wie möglich alle nötigen Manöver ausführt, die zum Beispiel bei einer Geiselnahme vielen Menschen das Leben retten kann. Nach den einzelnen Durchgängen gab ich von meiner Warte der Pilotin aus Hinweise, wie bestimmte Taktiken noch günstiger sein könnten. Dabei spielte es übrigens nicht die geringste Rolle, dass ich eine Frau war – zudem damals hochschwanger. Niemand machte einen entsprechenden Kommentar. Wenn mich wieder jemand fragen würde: »Warum tust du dir das alles an?«, würde ich antworten: »Weil ich von den Dingen, die ich tue, überzeugt bin. Weil ich etwas bewirken will.«

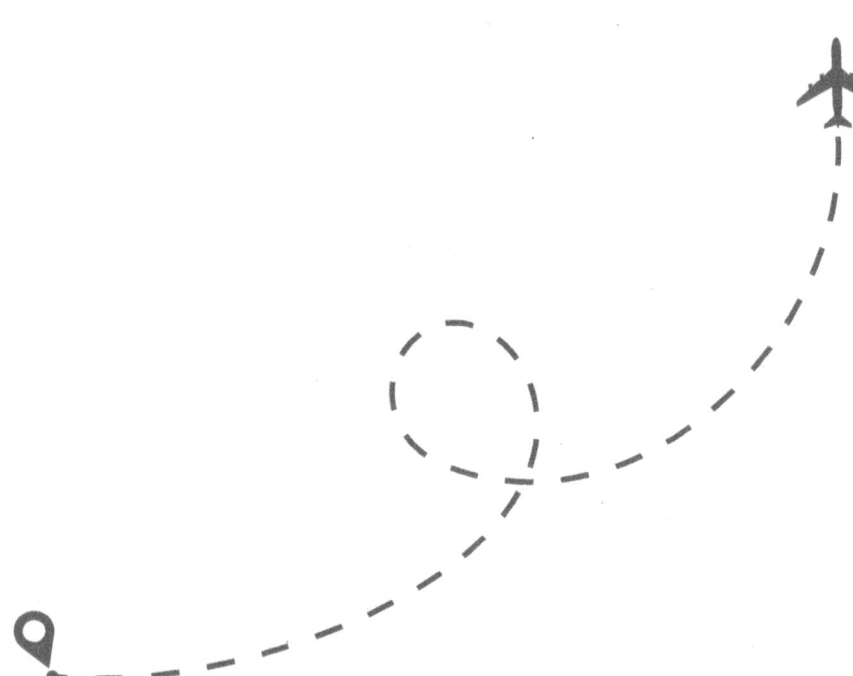

8

»Und wie machst du das mit den Kindern?«

Als mein Mann mich kennenlernte, wusste er, dass er eine selbstbewusste Frau bekommen würde, die ihren Beruf liebt, die mehr verdient als er selbst, und auch, dass er sich aus seiner klassischen Männerrolle bewegen müsste, um mit ihr eine gleichberechtigte Beziehung zu führen. Da er ein starker – ein wirklich starker – Mann mit einem gesunden Selbstbewusstsein ist, fand er das nicht nur okay, sondern er bewunderte mich von Anfang an für alle meine Besonderheiten und für mein Standing. Aber auch ich wusste, dass ich auf ihn und auf sein Lebensmodell ein Stück weit zugehen müsste, damit es zwischen uns wirklich klappt. Also zog ich zu ihm auf den alten Stadtbauernhof in der Nähe von Bamberg, auf dem er aufgewachsen war, und wo seine Eltern einen Steinwurf entfernt wohnen. Ich, die quirlige Cordula, die wie ein Schmetterling kreuz und quer durch die Winde fliegt, zog in die wohlgeordnete Ruhe einer fränkischen Kleinstadt. Irgendwie eine gute Kombi, wie wir beide fanden.

Ich hatte ja immer davon geträumt, in einem Reetdachhaus an der Nordsee zu landen. Nun war es eine historische Sandsteinscheune geworden, die wir liebevoll renovierten und ausbauten.

Als ich mit 34 unsere erste Tochter zur Welt brachte, war allen Familienmitgliedern klar: »Nur« Mutter zu sein würde mir nicht genügen. Ich erinnerte mich wieder an meine eigene Mutter, wie sie sich isoliert und vereinsamt fühlte, nachdem sie ihren Beruf hatte an den Nagel hängen müssen und sich einzig um uns Kinder kümmerte. Ich erinnerte mich auch an den Unfall, den ich mit meinem VW Käfer baute, als ich jemandem die Vorfahrt genommen hatte. Ich war auf dem Weg von Ravensburg nach Sillenbuch zu meiner Großmutter gewesen, als mir fast das Herz brach, weil ich meine Mutter ganz allein und traurig zurückgelassen hatte. Ich war mit meinen Gedanken noch ganz bei meiner Mutter, als es krachte. Nachdem wir Kinder aus dem Haus waren, war es leer um sie geworden. Nie sollte es bei mir so weit kommen. Ich wollte immer mitten im Arbeitsleben bleiben und somit auch andere Lebensinhalte als nur die Familie pflegen. Den Käfer konnte ich selbst reparieren, der Schaden war nicht so groß. Aber das Leben meiner Mutter konnte ich nicht ändern. Und sie selbst auf ihre alten Tage auch nicht mehr. »Wehret den Anfängen«, dachte ich mir.

Mein Mann war der erste Mann beim SEK – ja, überhaupt in unserem ganzen Freundeskreis! –, der Elternzeit in Anspruch nahm. Ich war so stolz auf ihn! Als ich die Ausbildung zur Kapitänin beginnen wollte, hatte er die zündende

Idee. Er wusste, wie wichtig es für mich war, dass ich so schnell keine weitere Chance dafür bekommen würde, und zögerte keine Sekunde: »Ich halte dir den Rücken frei, damit du das machen kannst. Wir teilen uns die Elternzeit einfach auf. Wir kriegen das hin!« Dabei waren wir ja auch noch mitten im Ausbau unseres Hauses. Wir stemmten alles gleichzeitig. Aber auch ich war davon überzeugt, dass wir es schaffen würden. Viele meiner Kolleginnen und Freundinnen hatten große Probleme, einen solchen ebenbürtigen Partner zu finden, einen, der sich nicht von ihnen und ihrem Standing in seinem Selbstverständnis als Mann bedroht fühlt. Was hatte ich für ein Glück! Mein Mann konnte mit meiner Karriere problemlos umgehen. Er fühlte sich auch nicht minderwertig, weil er bedeutend weniger verdiente als ich. Er unterstützte mich ohne erbitterte Diskussionen und ohne dass ich darum hätte kämpfen müssen, ohne dass ich seinen Teil des Engagements hätte einfordern müssen. Nach dieser Reaktion hätte ich ihn glatt noch einmal geheiratet. Wir ergänzten uns einfach perfekt.

Bei allem guten Willen: Dass einen Haushalt zu managen und für Kinder zu sorgen gar keine so leichte Aufgabe war, merkte er allerdings auch recht schnell. Ich erinnere mich an einen Nachmittag, als ich von einem Simulatortraining nach Hause kam und meinen Mann total erschöpft auf dem Sofa liegen sah. Nicht nur unser Baby brauchte offensichtlich einen Mittagsschlaf. »Ich bin fix und fertig. Ich habe heute die ganze Wäsche gemacht und war mit der Kleinen spazieren. Sie hat ständig geschrien. Vielleicht hatte sie Bauchschmerzen«, jammerte er kleinlaut. Ich gab ihm einen Kuss auf die Stirn: »Du Armer!« Ein kleines Grinsen konnte ich mir nicht verkneifen. Ich war es gewohnt, sofort im Haushalt anzupacken, aufzuräumen, zu kochen und zu putzen, sobald ich meine Uniform an die Garderobe gehängt hatte – und nicht ein Wort darüber zu verlieren. Mein Mann setzte sich schlagartig auf, ein Hoffnungsschimmer auf dem Gesicht: »Du, Cordula, wann darf ich wieder Verbrecher fangen gehen?«

Im Großen und Ganzen hatten wir uns recht schnell gut eingespielt. Irgendwann kamen dann die ersten Fragen – vor allem von meinen älteren Kollegen im Dienst: »Ach, Sie haben gerade ein Kind bekommen und arbeiten schon wieder? Wer passt denn auf die Kleine auf, wenn Sie fliegen?« Die ersten Male, als ich ganz unvermittelt so angesprochen wurde, war ich so verblüfft, dass ich sogar brav antwortete: »Mein Mann.« Ich hatte anfangs das Gefühl, ich müsste mich dafür bei Fremden rechtfertigen, warum ich jetzt nicht Zeit mit meiner Tochter verbringe und stattdessen Fluggäste in die weite Welt chauffiere. Noch penetranter wurden die Kommentare, als wir unsere zweite Tochter bekamen. Aber geht das überhaupt jemanden etwas an? Ist es nicht die ganz persönliche Entscheidung von mir und meinem Mann, wie wir unsere Familienangelegenheiten regeln? Mit der Zeit wurde ich etwas kaltschnäuziger: »Wie war die Frage noch mal?« Verunsicherte Stille auf der anderen Seite. Und wenn dann dennoch nachgebohrt wurde, konnte es schon sein, dass ich ausnahmsweise etwas ausführlicher antwortete: »Mein Mann kümmert sich um unsere Töchter. Warum auch nicht? Hat er nicht etwa auch zwei Hände, die

Essen kochen können? Hat er nicht ebenfalls einen Führerschein, der ihn dazu berechtigt, die beiden in den Kindergarten, zum Kinderturnen oder notfalls zum Arzt zu fahren? War er vielleicht weniger intelligent als ich und nicht fähig, die Hausaufgaben zu betreuen? Hat er nicht auch ein liebevolles Herz?« Ich war oft echt sauer, blieb aber immer höflich, denn wir waren ja alle die Kinder unserer Zeit. Und ich hatte auch nicht die Mission, andere zu erziehen. Aber dennoch ärgerte es mich: **Welcher Mann, so fragte ich mich, wird in seinem Beruf derart auf sein Privatleben angesprochen, fast zur Rechenschaft gezogen?** Ich kenne keinen. Meiner auf jeden Fall wurde das von seinen Kollegen nie gefragt. Aber bei irgendwelchen Aktivitäten außerhalb unseres Kleinstädtchens gingen die anderen meist davon aus, dass er alleinerziehend sein müsste, weil er immer mit unseren Töchtern zum Kinderschwimmen auftauchte und das als der einzige Mann weit und breit. Das nahm man einfach so an. Bei einer Frau hätte man das nicht vermutet.

In der Erziehung konnten wir uns durch die intensiven Zeiten mit den Kindern, bei denen wir uns ja abwechselten, auch gut ergänzen. Mein Mann legte großen Wert darauf, seine Kinder zu Frauen zu erziehen, die sich wehren können. Also übte er mit ihnen Kampfsportarten und tollte oft wild mit ihnen herum, wenn er nicht gerade wieder einmal mit ihnen abwechselnd am Sandsack boxte, der bei uns mitten in der Wohnung hing. Ich hingegen betonte immer wieder die Werte, die mir wichtig waren – so wie ich es schon von meinen Eltern kannte.

Die junge Generation kennt das sicher auch nicht mehr so, wie ich es erlebt habe, dass eine Frau sich dafür rechtfertigen muss, trotz der Kinder außer Haus arbeiten zu gehen. Mittlerweile ist es ja auch üblich, dass beide Elternteile für das Einkommen sorgen. Heute würde man wohl eher fragen: »Na, wie macht ihr das mit euren Kindern?« Dass beide Partner Elternzeit nehmen, ist ja auch nicht mehr ungewöhnlich. Doch damals staunten die Kollegen noch, wenn ich von unserem Modell erzählte. Ich kannte auch wirklich nur eine andere Frau, eine Ärztin, die wie ich Vollzeit berufstätig war. Alle anderen Frauen arbeiteten höchstens in Teilzeit. Die meisten waren Hausfrauen.

Auch wenn mein Mann und ich uns die Fürsorge für unsere Kinder teilten, so war es nicht immer einfach, unsere Terminpläne zu koordinieren. Nach den jeweiligen Elternzeiten hatten wir beide wieder unseren Job, jeweils mit Schichtdienst. Wir suchten aber auch dann nach einer gemeinsamen Lösung, um den Alltag so gut wie möglich zu meistern, ohne dass einer von uns in seinen beruflichen Möglichkeiten benachteiligt würde. Wir mussten immer einen schlauen Plan aushecken, wie wir die Woche möglichst reibungslos organisieren. Eine große Hilfe waren uns dabei meine Schwiegereltern, die ein drittes sehr wichtiges Standbein in unserer Familienorganisation darstellten. Als unsere Töchter klein waren, tauchten sie wohlbehütet in die Arme der Großfamilie ein. »Die Kleinen können jederzeit zu mir kommen! Ich bin doch froh darüber, solange sie kommen, das hört sowieso viel zu schnell auf«, betonte meine Schwiegermutter immer. Sie war dankbar für die Nähe zu ihren Enkelkindern. Es war auch in der Nachbarschaft üblich, dass Kinder viel Zeit mit den Großeltern und Tanten und Onkeln verbringen. Es war einfach immer jemand da. Und das war sehr gut so, denn mit Kindern kommt ja immer mal etwas dazwischen. Doch ich konnte die Fluggäste ja nicht warten lassen, nur weil meine dreijährige Tochter gerade einen Tobsuchtsanfall und keine Lust darauf hatte, in den Kindergarten zu gehen. Auch wenn ich am Abend um neun heimgekommen war und morgens früh wieder losmusste, ich konnte einfach nicht riskieren, zu spät oder gar nervös zu spät zu kommen: »Ihr wolltet doch sicher auch, dass ich den Flieger nachher wieder sicher lande, oder? Dann muss das jetzt irgendwie funktionieren.« Und dank meiner Schwiegermutter tat es das auch in den meisten Fällen. Die örtliche Distanz von unserem Wohn- zu meinem Dienstort half dabei auch immer. Auf der Fahrt nach Nürnberg, Frankfurt oder München konnte ich mich jedes Mal fokussieren und von irgendwelchen dramatischen Szenen zu Hause runterkommen. Das war eigentlich ideal. Doch der Weg zurück nach Hause war leider oft mühsam, weil ich in der Regel sehr müde war. Aber einmal angekommen, konnte ich allen Stress von den Flügen hinter mir lassen. Wenn ich wieder daheim war, gab es nur die Familie, die Freunde und den ganz normalen Haushaltsalltag.

In so einem kleinen Kosmos wie bei uns kennt jeder jeden. Ich lernte dieses Idyll mit der Zeit immer mehr schätzen: Man traf sich auf dem Spielplatz, saß im Biergarten der Stammbrauerei zusammen, johlte gemeinsam auf dem Sportplatz – Jung und Alt, alle gemischt. Die Familien vieler unserer Freunde lebten seit Generationen im Ort, wo schon der Vater, Großvater und Urgroßvater bei der Freiwilligen Feuerwehr war, wo man von Generation zu Generation im gleichen Fußballverein kickt. Mein Mann und ich waren in unserem privaten Umfeld natürlich irgendwie bunte Hunde, schon allein wegen unserer ausgefallenen Berufe. Aber nie habe ich es erlebt, dass mir kritische oder vielleicht sogar vorwurfsvolle Fragen gestellt wurden, höchstens interessierte. Wir wurden einfach so genommen, wie wir sind – Cordel und Howie eben. Mehr als das, wir leben in einem wohlwollenden Umfeld. Und trotz unserer ungewöhnlichen Arbeitszeiten und -orte sahen ja alle, dass ich auf dem Teppich geblieben war, dass ich wie alle anderen auch Kindertaxi fuhr, die Kids zum Babyschwimmen begleitete, mit ihnen auf den Spielplatz ging – nur eben nicht in der gleichen Regelmäßigkeit wie die anderen Mütter im Ort. Ich bin keine Fränkin, keine Katholikin, keine von ihnen. Ich bin ganz anders als mein Mann aufgewachsen. Meine Eltern lebten immer weit weg von meinen Großeltern, das Konzept Großfamilie war mir fremd. Doch ich machte gern den Spagat hin zur Tradition der Gegend, wo ich jetzt nun mal mit meiner Familie lebte. Meine Schwiegereltern lieben es, die alten Bräuche zu kultivieren. Wenn es in der Nachbarschaft etwas zum Gratulieren gibt, ein runder Geburtstag, ein Neugeborenes, eine Eheschließung, dann backt man erst einmal Krapfen, die man später vorbeibringt, zu kirchlichen Festen isst man »geschnittene Hasen«, ein traditionelles Buttergebäck. Alles hat eine Form, einen Platz und eine Zeit. Ich versuchte mich so gut es ging anzupassen. »Und was, wenn die Leute reden?« Dass ich nicht ganz in das Schema passe? »Dann ist uns das ganz egal.« Mein Mann und ich hatten keine Angst davor, dass irgendwelche älteren Leute mit dem Kissen auf der Fensterbank uns nachschauen und uns womöglich nachreden. Meine Schwiegereltern waren weniger entspannt ob unserer unorthodoxen Lebensführung. Mehr als einmal machten sie ihrer Sorge Luft: »Ja, was sollen die Leute denken?« Egal!

Auch wenn die Mädchen es genossen, bei ihrer Großmutter stets ein leckeres Mittagessen vorgesetzt zu bekommen und liebevoll umgarnt zu werden, so war es für sie auch nicht immer einfach, wenn ich wieder losmusste, um meinen Dienstplan zu erfüllen. Es flossen dann auch hin und wieder Tränen. Nicht nur bei meinen Kindern. Auch ich litt nicht selten unter Trennungsschmerz oder einem schlechten Gewissen, als Mutter nicht da zu sein, wenn eine zum Beispiel Fieber hatte und ich sie frühmorgens meiner Schwiegermutter übergab. Vor allem, als sie ganz klein und meine Muttergefühle sehr stark waren, fiel es mir besonders schwer, sie abzugeben und zu fürchten, dass sie sich mehr an ihre Oma binden könnten als an mich. Besonders die Jüngere war stark auf mich fixiert. Wenn ich gehen wollte, brüllte sie oft aus vollem Halse, sodass ich mich oft regelrecht zwingen musste, das Haus zu verlassen. Das war einfach schrecklich. Ich hatte aber eine Entscheidung getroffen, ich hatte das Angebot angenommen, Kapitänin zu sein – und zog es durch.

Noch schmerzhafter war es, als meine ältere Tochter einmal zu mir »Oma« sagte, als ich wieder einmal über Nacht weg gewesen war und von einem meiner Flüge zurückkam. »Aber nein, ich bin doch deine Mama«, sagte ich und nahm sie, mein Schluchzen unterdrückend, fest in die Arme. Ja, das Gleichgewicht zwischen meinen Rollen als Mutter und Pilotin zu halten, war alles andere als einfach. Ich tat mein Bestes, beide so gut wie möglich unter einen Hut zu bringen. Als ich bei Condor Berlin beschäftigt und in Nürnberg stationiert war, stellte ich mir morgens um ein Uhr den Wecker, um pünktlich um vier Uhr beim Briefing am jeweiligen Abflughafen zu sein. Eigentlich hätte ich wegen der frühen Abflugzeiten ein Recht auf eine Hotelübernachtung in Flughafennähe gehabt, alle meine anderen Kollegen nahmen das auch in Anspruch. Aber ich wollte so lange wie möglich bei meinen Kindern sein, den Abend noch mit ihnen verbringen und sie zu Bett bringen.

Um meinen Töchtern die Trennungszeiten von mir positiv zu besetzen, brachte ich ihnen von jedem Ziel, das ich gerade angeflogen hatte, etwas mit. Sie saßen dann auf dem Sofa bereit und erwarteten schon in Vorfreude nicht nur mich, sondern auch die »American Girl«-Puppen aus den USA, die »wilden« Plüschtiere aus Afrika oder wunderschön filigrane Bastelsets aus Asien. Für sie wurde der Rhythmus von »Mama ist da, Papa ist da, Mama ist weg, Papa ist weg, Großeltern sind da, alle sind da und so weiter« mit der Zeit zur Normalität. Sie kannten es ja nicht anders. »Du warst ja nie da« gehört zu unseren geflügelten Worten in der Familie.

Damit ziehen mich meine Töchter oft auf. Wir amüsieren uns dann immer über diese Übertreibung. Denn so stimmt das natürlich nicht.

Im Alter von elf Jahren träumte meine ältere Tochter plötzlich davon, ins Internat zu gehen. Harry Potter lässt grüßen. Sie hatte das Buch verschlungen, wie so viele andere, die sie seit der dritten Klasse las. Trotz all ihrer Freizeitaktivitäten – Sport, Ballett, Tennis, Fußball, Basketball, Domchor, Tanzen – hatte sie nie so recht ein anderes Kind gefunden, mit dem sie sich über ihre Leidenschaften hätte austauschen können. Im Internat, so hoffte sie, würde sie ganz anders Anschluss finden. Auf ihr zähes Betteln hin willigten wir ein: »Gut, dann googel mal eines, aber bitte im Süden, sodass wir dich häufig besuchen können.« Kurze Zeit später kam sie mit einem bayerischen Schloss-Internat an, das für uns eindeutig zu teuer gewesen wäre. Aber sie ließ nicht locker und bewarb sich eigenständig auf ein 50-Prozent-Stipendium. Hartnäckig, wie sie ist – das hat sie wohl von ihrer Mutter –, setzte sie also ihren Herzenswunsch durch, erhielt das Stipendium und ging ab der sechsten Klasse in das besagte Internat, wo sie sich sofort wohlfühlte. So wohl, dass ihre kleine Schwester auch Blut leckte und nach einem Besuch bei ihr verkündete, dass sie nun ebenfalls genau auf dieses Internat mit Blick auf die Berge gehen, ja sogar gleich dortbleiben wollte. Selbst unser neues Familienmitglied, der süße Gebirgsschweißhund-Welpe Benni, mit dem sie sich gerade angefreundet hatte, hielt sie nicht zurück. Die Lehrer in ihrer Schule waren nicht gerade der Hit gewesen. Und als sie von ihrer Schwester mitbekam, mit wie viel Engagement man in ihrer neuen Schule auf die Schülerinnen eingeht und was sie dort alles an einem Ort tun können, wollte sie das auch erleben. Wenngleich es mich schmerzte, die beiden nun weit weg zu wissen, so war ich doch auch erleichtert darüber, dass sie im Internat gut aufgehoben sein würden. Und wie erwartet entwickelten sie sich in diesem international geprägten Umfeld prächtig. Ich glaube, sie genossen die geregelte, gleichmäßige Struktur, den festen Rahmen des Internatslebens vor Ort und auch, dass sie nicht länger in die Lücken der unsteten Schichtdienste ihrer Eltern hineinorganisiert wurden. Dennoch hätte ich sie natürlich viel lieber bei mir gehabt. Wenn die beiden alle 14 Tage am Wochenende nach Hause kamen, waren wir alle voll und ganz füreinander da. Wir mussten uns ja dann auch nicht um irgendwelche Hausaufgaben kümmern – wir konnten uns nur auf uns konzentrieren und schöne Ausflüge machen. Ich war jedes Mal unendlich traurig, wenn wir sie nach den Familienwochenenden wieder wegbrachten. Mein Herzschmerz war manchmal unglaublich groß. Doch dann sagte ich mir immer, dass ich nicht egoistisch sein dürfe. Schließlich wollte ich ihnen diese Erfahrung ja ermöglichen und nicht verbauen. Sie hatten solch fantastische Möglichkeiten an einem Ort, all ihre Talente zu verwirklichen, und dann noch in so einer schönen Umgebung. Und außerdem kam es meinem Mann und mir entgegen, sie nicht mehr ständig zu allen möglichen Aktivitäten fahren zu müssen. Erst mit der Zeit gewöhnte ich mich an diese neue Lebenswirklichkeit. Meine Töchter hingegen gingen ganz in ihrem Internat auf und schienen kein Heimweh zu haben. Ich erinnerte mich daran, dass ich in ihrem Alter den gleichen Wunsch hatte, auch ich wäre damals wohl von keinem Heimweh geplagt worden. Ich war schon früh sehr selbstständig und unabhängig gewesen, nicht zuletzt dank des Zutrauens meiner Eltern in meine Fähigkeiten.

Als meine Töchter älter wurden, habe ich sie immer wieder auf Flüge mitgenommen. Damals war es noch erlaubt, dass sie mit mir im Cockpit saßen. Das waren wunderschöne Stunden, in denen ich beides gleichzeitig hatte: meine Töchter und mein Fliegen.

Wie schnell die Zeit vergeht: Meine erste Tochter studiert mittlerweile Jura, und meine »Kleine« hat gerade Abitur gemacht.

Heute, im Nachhinein, wenn sie an ihre Kinderzeit zurückdenken, finden sie es beide cool, dass ihre Eltern nie die typischen »Normalos« waren. »Ich fand es echt doof, dass du damals immer wegmusstest, aber heute bewundere ich dich für das, was du in der Welt bewegst. Du bist mir ein großes Vorbild«, sagte mir meine jüngere Tochter bei ihrer Abiturfeier. Auch meine ältere Tochter schätzt das Beispiel einer unabhängigen Frau, das ich ihr stets vorgelebt habe, sehr. Dennoch will keine der beiden so arbeiten, wie ich es tue. Sie wünschen sich doch bei allem Unabhängigkeitsstreben mehr Regelmäßigkeit für ihr Leben. In die Fliegerei zieht es sie auch nicht, nicht einmal einen ersten Flugschein wollen sie machen. Und der Kinderwunsch ist sowieso noch kein Thema. Sie haben ja auch noch viel Zeit.

Meine Beziehung zu meinen Töchtern ist heute sehr eng, wir telefonieren täglich. Obwohl ich fürchtete, dass unsere Bindung unter den häufigen Trennungen leiden könnte, hat sich das weder durch meine Berufstätigkeit noch durch ihren Internatsaufenthalt bestätigt. So ganz falsch können unsere Entscheidungen also nicht gewesen sein. Bei unserer letzten Familienfeier nahm ich meine nun erwachsenen Töchter in die Arme und sagte ihnen, wie stolz ich auf sie bin. Ihre Antwort rührte mich zu Tränen: »Und wir auf dich!«

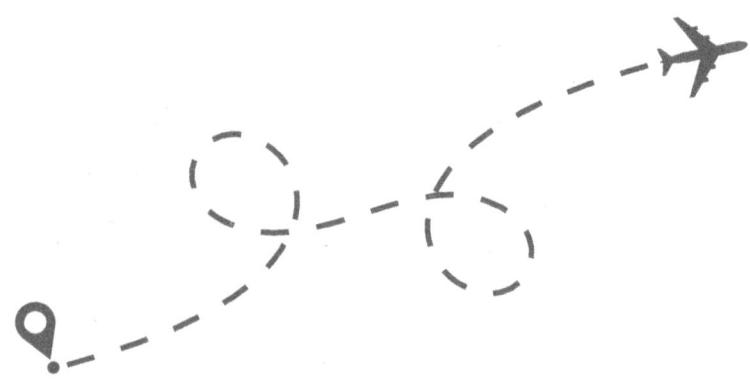

9

Ständig unter Strom

Einmal die Pilotenlizenz erworben, und dann ist gut? Von wegen! Ich kenne keinen anderen Beruf, in dem man während der gesamten Laufbahn immer wieder auf Herz und Nieren geprüft wird. Als ich gerade meine Pilotenprüfung bestanden hatte, war mir gar nicht klar, wie häufig ich meine Kenntnisse in den folgenden Jahren immer wieder neu unter Beweis stellen müsste. Im Flugbetrieb, wo Sicherheit für alle Beteiligten, sowohl für die Fluggäste als auch für die Fluggesellschaften, an erster Stelle steht, macht es natürlich Sinn, dass wir uns als Piloten nicht auf unseren Lorbeeren ausruhen dürfen. Bis zur Rente müssen wir in regelmäßigen Abständen beweisen, dass wir selbst die kniffligsten Situationen im Flugbetrieb meistern könnten, wenn wir müssten. Dazu müssen wir immer wieder tageweise in den Simulator.

Was man vielleicht gar nicht glauben kann: Wenn die *checks*, also Prüfungen, im Simulator abgenommen werden – und das, obwohl die Supervision ja zum Job gehört –, sind wir alle jedes Mal von Neuem nervös. Auch wenn man noch so gut vorbereitet ist. Es ist jedes Mal aufregend, wenn ein Trainer hinter einem sitzt. Die Trainer, und ich gehöre ja zu ihnen, versuchen allerdings den Trainees oder Prüflingen jedes Mal das Gefühl zu vermitteln, dass sie zum Check wie zu einem ganz normalen Flug auf ihrem Dienstplan gehen sollen. Wir versuchen, die »Prüfungssituation« als solche aus den Köpfen zu bekommen. Und eigentlich ist die Vorbereitung für einen richtigen Flug genau gleich.

Viele meiner Kollegen berichten mir, wie schlecht sie vor dem Termin im Simulator schlafen, dass sie schrecklich aufgeregt sind und fürchten, es könne ihnen auch nur der kleinste Fehler unterlaufen. Doch woher kommt diese Nervosität? Angst zu versagen hat sicher keiner von uns. Dafür sind wir ja viel zu gut ausgebildet und sicher. Ich denke, es liegt daran, dass wir Piloten grundsätzlich gewissenhafte Menschen sind, die einen sehr hohen Anspruch an sich selbst haben. Es geht sicherlich nicht nur mir so, dass ich sehr selbstkritisch bin, mich strengstens unter die Lupe nehme und mich selbst jedes Mal im Simulator weniger perfekt einschätze, als ich es objektiv war.

Teil der Aufregung ist natürlich auch, dass man nie weiß, welcher Ausbilder die Supervision abnehmen wird. Weil ich all diese Unsicherheiten selbst kenne, versuche ich als Ausbilderin, meinen Trainees von Anfang an Vertrauen zu signalisieren. Wenn dann ein Pilot, der anfangs offensichtlich mit seiner Nervosität zu kämpfen hatte, am Ende der Prüfung für ein neues Flugzeugmuster zu mir sagt, er freue sich auf den nächsten Prüfungsteil mit mir, komme ich innerlich zum Strahlen: *mission accomplished*! Das sind wirklich die schönsten Momente für mich als Trainerin.

Zu den Terminen im Simulator gehören mehrere Module, die in unterschiedlichen zeitlichen Abständen in unseren Dienstplänen erscheinen:

Alle sechs Monate sind für jeden Piloten zwei Tage im Simulator fest eingeplant. Sie beginnen mit einem vierstündigen Block im Simulator selbst. Davor und danach rechnet man je eine Stunde für das Briefing und das Debriefing ein. Dabei durchlaufen wir mehrere simulierte Szenarien.

Die Simulator-Flüge beginnen üblicherweise nach dem sogenannten *look and see*-Prinzip – das bedeutet, die Piloten bekommen eine eingespielte Situation in den Simulator und sollen diese erst einmal ohne Kommentar vom Ausbilder fliegen. Zum Beispiel gibt es beim Start ein technisches Problem. Der Ausbilder beobachtet nun etwa eine Stunde oder etwas länger, wie das Flugverhalten des Kollegen ist. Danach entscheidet er, welche Kompetenzen am besten geübt werden sollten, und wählt das entsprechende standardisierte Modul, zum Beispiel ein Wetterszenario – Gewitterfront, starker Seitenwind, eine Windscherung – oder ein Manövertraining – ein Triebwerksfehler, ein Brand, ein Ölverlust –, je nachdem. Auch besondere Flugmanöver sind Bestandteile des Programms. Nie würde man so etwas mit Passagieren üben. Aber es ist besonders wichtig zu spüren, wie sich das Flugzeug in unterschiedlichen Fluglagen verhält, wie man die Kontrolle behält. Als Trainer achtet man besonders darauf, wie die Piloten das Entscheidungsfindungsmodell anwenden, das wir in unserer Grundausbildung gelernt haben. Für uns Piloten auf Langstrecke ist es auch wichtig, das Starten und Landen im Fokus zu behalten, weil wir das ja nicht so oft brauchen wie die Kollegen auf Kurzstrecke. Ein Pilot, der im Monat nur zwei oder drei Mal Landungen macht, hat andere Bedürfnisse als ein Kurzstreckenpilot, der an die 30 Landungen absolviert. Deshalb gibt es abgestimmt auf die jeweiligen Flugzeugmuster spezielle Trainings– und Prüfungseinheiten. Sie sind so engmaschig konzipiert, dass kein fliegerischer Bereich außer Acht gelassen wird.

Als Ausbilderin kann ich übrigens in den Trainings sowohl in diese Rolle als auch in die des Copiloten versetzt werden. Ich muss einfach beides können – wie im richtigen Flugverkehr eben auch.

Die Supervisionen finden je nach Flugzeugtyp, auf denen die Piloten fliegen und deshalb auch geprüft werden, entweder in Frankfurt oder in München statt. Wenn die freien Simulatoren für die entsprechenden Flugzeugtypenfamilien knapp sind, helfen wir uns auch unter den Airlines aus. Dann könnte das Training gut auch in Helsinki, Heathrow, Miami, Toulouse oder Zürich stattfinden.

Bei den Sechs-Monats-Checks bleibt es aber nicht. Einmal im Jahr kommt noch eine Supervision im Linienflug hinzu, bei der ein Ausbilder auf einem Umlauf (also einem Dienst) mitfliegt und dem Piloten über die Schulter schaut. Er beobachtet den gesamten Ablauf des Fluges, vom Briefing über das operationelle Verhalten an Bord, die Ansagen, den Umgang mit dem zweiten Piloten bis hin zum Debriefing.

Ebenfalls einmal im Jahr müssen wir zudem einen Tag lang zu einem *emergency training*. Dieses findet zum Teil in einer Attrappe statt, die einer originalen Flugzeugkabine nachgebaut ist. An diesem Training nehmen sowohl Piloten also auch Kabinenangestellte teil. Wir üben dabei verschiedene Szenarien: Ein Gefahrenstoff wurde an Bord gefunden. Welche Verfahren laufen in welcher Reihenfolge in diesem Fall im Flugzeug ab? Wer ist für was verantwortlich? Ergänzend zu diesem praktischen Training müssen wir einen Multiple-Choice-Test mit etwa 40 Fragen rund um mögliche Gefahrensituationen ausfüllen und natürlich bestehen. Selbstverständlich müssen wir auch wissen, wo sich die gesamte Notfallausrüstung mit den Sauerstoffflaschen und die medizinischen Erstversorgungskoffer befinden.

Alle drei Jahre erhalten wir auch eine Weiterbildung im *crew resource management*. Dieser Tag gilt einzig der Übung. Wir gehen Fallbeispiele heikler Situationen in unserem Arbeitsalltag durch, vertiefen Themen und Fragestellungen rund um die Teamarbeit, aber auch des individuellen Stressmanagements und der Resilienz. Und, ganz wichtig: einmal keine Prüfung! Einzig die Teilnahme ist obligatorisch.

Wer nun denkt, dass Piloten offensichtlich ausreichend vorbereitet, ausgebildet, überwacht und geprüft sind, um ihre Fluggäste sicher von A nach B zu bringen, hat sich getäuscht. Die Lufthansa, aber auch andere Airlines, ziehen das Sicherheitsnetz noch engmaschiger: Denn nicht nur praktische Prüfungen gehören zu unserem regelmäßigen *monitoring* und zu unseren *checks*. Da sich die technischen Gegebenheiten ständig ändern, die Systeme verändert und verbessert werden, müssen auch unsere Handbücher auf dem neuesten Stand sein – und wir selbstverständlich auch. Früher saß ich oft stundenlang auf dem Fußboden, vor mir ein Stapel gelber Zettel mit den neuesten Ergänzungen. Manchmal wird nur ein Wort an einer bestimmten Stelle geändert, ein anderes Mal ein ganzer Abschnitt, und nicht selten kommt ein langes Kapitel zu neuen Verfahren hinzu. Gelesen und durchgearbeitet, habe ich die Zettel an passender Stelle eingeordnet. Heute findet das Einheften der Revisionen natürlich elektronisch statt. Die Updates kommen per E-Mail mit dem Vermerk einer Frist, bis wann wir sie durchgearbeitet haben müssen.

Im Anschluss werden diese Neuerungen auch in den Simulator-Modulen abgefragt. Und auch da kommt es immer darauf an, wie ein Prüfer vorgeht. Als Ausbilder kann man durchaus auch Inhalte mit dem Trainee erarbeiten oder ihn zur Lösung hinführen. »Es gibt da ja für dein Flugmuster ein paar Neuerungen. Hast du das mitbekommen? Superspannend, oder? Weißt du noch, worum es dabei im Detail geht?« Und wenn der Kollege nicht gleich alles parat hat, helfe ich ihm, indem ich erzähle, wie ich mir die neuen Inhalte gemerkt habe. Ich verknüpfe also diese Inhalte und baue eine Story um die Fakten, sodass er sich die Inhalte ab jetzt gut merken kann.

Und zu guter Letzt müssen alle Lufthansa-Piloten im Jahr bis zu fünf *web based trainings* absolvieren, soll heißen, wir müssen unser Lernkonto mit Punkten füllen, die wir uns auf einem digitalen Lernportal durch die Bearbeitung von Fragenkatalogen erworben haben. Dabei geht es um die Flughafensicherheit, um technische Neuerungen oder Vorkehrungen an Bord. Auch da stehen wir ständig unter Strom, denn überall lauern Deadlines. Wir müssen die Trainings nämlich in einer bestimmten Zeit abgeschlossen haben. Und: Wenn wir zu viele Fragen falsch beantwortet haben, katapultiert uns das Programm gleich wieder zurück an den Anfang.

Für die ganzen praktischen Prüfungsmodule gibt es seit etwa fünf Jahren Noten. Davor gab es nur *pass* oder *fail* – also bestanden oder durchgefallen. Die Notenspanne ist von Eins bis Fünf, wobei Fünf die beste, also eine exzellente, Leistung abbildet. Vier ist sehr gut und unauffällig. Die Note Drei führt noch zu keinem kritischen Gespräch, aber zufrieden sollte damit niemand sein, und ein weiteres Training steht an. Aber wer in einer Einheit mit einer Zwei beurteilt wird, wird sicherlich selbst erschrecken. So erging es einmal einem Prüfling von mir, der sich fragte, wie das nur sein konnte, dass seine Performance im Simulator so schlecht war. Er hatte sich von einem technischen Problem so ablenken lassen, dass er nicht bemerkte, dass er kurzzeitig in einen anderen Höhensektor flog, und deshalb seine Mindesthöhe nicht einhielt. Weil damit der Flug in dieser Zeit nicht sicher war, musste ich ihm eine Zwei geben. Im Debriefing erinnerte ich ihn an die *golden rules* von Airbus: »FLY-NAV-COM« (Fliegen, Navigieren, Kommunizieren) – Wo fliege ich hin? Bin ich flugfähig? Navigiere ich richtig? Kommuniziere ich richtig? Habe ich alle nötigen Stellen informiert? Ich denke, das hat ihm für die Zukunft geholfen.

Alte Hasen wie ich mussten uns an das Notensystem erst gewöhnen, die neuen Piloten kennen es schon nicht mehr anders. Was manchen als knallhart erscheinen mag, hat durchaus seine Vorteile: Wir wissen nun immer ganz genau, wo unser Leistungsstand in welchem Kompetenzbereich ist, und vor allem, wo wir uns verbessern können. Gerade wenn man die Verantwortung für viele Menschen trägt, ist es gut zu wissen, in welchem Bereich wir unsere Kompetenzen noch einmal nachjustieren, wohin wir unsere Aufmerksamkeit besonders lenken sollten. Die Differenzierung bei der Beurteilung macht es mir als Ausbilderin auch leichter, **klar in der Sache und weich zum Menschen** zu sein. »Fliegerisch war das eine glatte Fünf, einfach hervorragend, doch die Landung auf der falschen Bahn war natürlich eine Zwei wegen der fehlenden *situational awareness*.« Noten hin oder her, in letzter Instanz fokussiere ich mich bei der Beurteilung doch mehr auf die Kompetenzen als auf einen etwaigen Punkteabzug wegen eines situationsbedingten und aller Wahrscheinlichkeit nach einmaligen Fehlers im Simulator.

Ich befinde mich ja schon lange in einer Zwitterposition: Ich bin Pilotin, die selbst geprüft wird, aber gleichzeitig bin ich auch Ausbilderin, die die Prüfungen bei anderen abnimmt. Wirklich besonders wird es allerdings, wenn man in der Funktion als Pilotin geprüft wird. Natürlich will ich so oder so nicht den kleinsten Fehler machen und ärgere mich dann schrecklich, wenn mir doch einer im Simulator – und dann noch vor den Augen meiner Kollegen – passiert.

Schließlich erwarten ja auch alle von mir, dass ich ein besonderes Beispiel gebe, dass ich absolut up to date bin. Aber klar, auch ich bin in den Prüfungen nervös, auch ich habe höchste Ansprüche an mich und mein Können, auch ich bin nur ein Mensch.

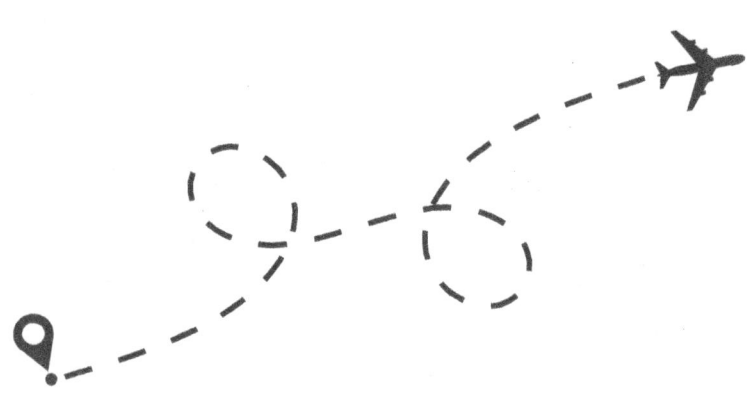

10

Die Tür bleibt zu

Wir alle wissen, wo wir am 11. September 2001 waren, was wir gerade taten, als Attentäter mit zwei Flugzeugen in die Twin Towers des World Trade Centers in New York rasten. Es mutet fast ironisch an, dass ich damals auf einer Berufsmesse in Bad Vilbel just in dem Moment, als es in der Luftfahrt eine Zeitenwende gab, Werbung für den Pilotenberuf machte. Der Anruf eines Kollegen – »Hast du es schon gehört?« – unterbrach jäh die Gespräche, die ich gerade führte. Ich fuhr sofort nach Hause zu meiner Familie und verfolgte atemlos die Bilder im Fernsehen. Die erste Reaktion unterschied mich angesichts der in sich zusammenfallenden Türme sicher nicht von allen anderen Schockierten weltweit: die Fassungslosigkeit, das Nicht-begreifen-Können, die Trauer um die Toten.

Doch als Pilotin schossen mir schon bald noch weitere Gedanken durch den Kopf: Wie geht es meinen Kollegen? Wer saß in den Flugzeugen? Kannte ich jemanden? Was genau mag im Cockpit passiert sein, wie mochten sie sich gefühlt haben mit der drohenden Katastrophe vor Augen? Ich versetzte mich unweigerlich in die Lage der Piloten: Waren sie noch bei Bewusstsein beim Aufprall auf das Gebäude? Oder waren sie bereits tot? Unser Telefon war in den folgenden Stunden und Tagen quasi eine Standleitung. Wir Kollegen bildeten ein Netzwerk der Informationen. Ich lief ständig mit dem Hörer in der Hand herum. Aber so sehr wir es versuchten, auch wir bekamen keine anderen Neuigkeiten als die Öffentlichkeit. Auch wir waren auf die Medien angewiesen und mussten die offiziellen Untersuchungen und Berichte abwarten. Natürlich überlegten wir immer wieder, was genau im Flugzeug passiert sein musste, warum all unsere Sicherheitsvorkehrungen, wie zum Beispiel die Kontrolle im Flughafen oder die vereinbarten Notsignale, versagt hatten. Aber wir bremsten uns auch immer wieder gegenseitig, sodass wir mit unseren Spekulationen nicht zu weit gingen: »Ohne die Fakten zu kennen, können wir doch gar keine konkreten Schlüsse ziehen!« Aber das half nichts. Wir konnten uns nur schwer beherrschen. In unseren Köpfen ratterte es: Gingen die Attentäter in allen drei Cockpits der betroffenen Flugzeuge gleich vor? Was war mit dem Sprachfunkverkehr? Ab wann wussten die Fluglotsen, dass etwas nicht stimmte? Konnten die Piloten noch die geheimen Notsignale an sie senden? Wie viel hat die Kabinencrew von allem mitbekommen? Wie schnell ging die Machtergreifung im Cockpit vonstatten? Waren die Piloten am Schluss selbst involviert? Wann hat wer etwas geahnt? Konnte die Crew sich irgendwie wehren? War den Passagieren, den Mitgliedern der Kabinencrew, den Piloten klar, dass sie gleich sterben würden? In Gedanken ging ich wieder und wieder die mir so vertrauten Flughäfen durch, von denen aus die Flugzeuge gestartet waren: Boston, Newark, Washington. Ich versuchte zu verstehen, zu begreifen, nachzuvollziehen.

Drei Fragen liefen als zusätzliche Dauerschleife in meinem Kopf: Wie hätte ich mich in einer solch extremen Situation verhalten? Wäre ich mutig gewesen? Hätte ich mich gewehrt?

Noch Tage nach dem Unglück stand der gesamte Flugverkehr still, weil der Luftraum über den USA gesperrt war. Viele meiner Kollegen saßen nach Ausweichlandungen irgendwo in der Welt fest. Doch irgendwann ging das Leben weiter, sie kamen wieder nach Hause und nahmen ihre Flugdienste wieder auf. Ich arbeitete zu diesem Zeitpunkt gerade bei der Lufthansa Cargo. Obwohl der Flugbetrieb scheinbar normal weiterlief, war allen klar, dass sich vieles in naher Zukunft ändern würde. Am Anfang waren die Bilder im Kopf noch ständig präsent. Und auch wenn ich kein Passagierflugzeug flog, so wusste ich doch um die Gefahr blinder Passagiere. Auch die konnten unter Umständen ein Flugzeug in ihre Gewalt bringen. Und als Waffe benutzen.

Das war nämlich das eigentlich Neue für unser Pilotenbewusstsein. Entführungen hatte es schon öfter gegeben, und entsprechende Sicherheitsvorkehrungen waren schon lange geschult worden. Aber dass es womöglich nicht mehr um das Mittel zum Zweck geht, sondern um den Zweck selbst, nicht mehr darum, etwas zu erpressen, um Verhandlungen,

um Spielraum, sondern nur um eines: zu töten, zu zerstö-
ren, zu terrorisieren. Das war neu und schwer abzuschät-
zen. Und dazu wäre ein Cargo-Flugzeug genauso passend
gewesen.

Ich kann mich noch gut an die Nachrichten über die RAF-
Terroristen in meiner Kindheit erinnern, an die Entfüh-
rung der *Landshut* und deren Befreiung. Auch die hatten
schon ein politisches Ziel. Doch jetzt hatte der Terrorismus
eine neue Dimension erhalten, einen Superlativ. Es war eine
neue Ära angebrochen. Terroristische Überfälle wurden nun
über sehr lange Zeit geplant und ausgeklügelt. Das war etwas ganz anderes als eine mehr oder weniger spontane Geiselnahme. Die Terroristen von 9/11 hatten große Anstren-
gungen unternommen und Flugschulen besucht, um das
»perfekte« Attentat zu verüben. Sie wollten nicht nur ein
Flugzeug in ihre Gewalt bringen, sondern eine ganze Na-
tion treffen. Bei dem Anschlag handelte es sich um ein ter-
roristisches Großprojekt. Diese Unterwanderung unseres
Berufs empfanden wir Piloten als besonders perfide und
beängstigend. Uns wurde auf das Deutlichste vorgeführt,
dass wir von einem Moment auf den anderen als Beteiligte
der zivilen Luftfahrt mitten im internationalen politischen
Gefüge benutzt werden konnten. Gerade auch im Hinblick
auf Kriegs- und die Hoheitsgebiete der beteiligten Parteien
sind wir ständig von der politischen Lage betroffen und ihr
womöglich ausgesetzt.

Auch wenn es mir schwerfiel und ich von Angst ergriffen war, ich nahm mir vor, mir deswegen auf keinen Fall die

Freude am Fliegen nehmen zu lassen. Auch wollte ich mich nicht dazu hinreißen lassen, alle Menschen, die auch nur vage den Attentätern ähnelten, automatisch als potenzielle Gefahr einzustufen. Dass mir dieses Screening im Kopf kurz nach den Attentaten an mir selbst auffiel, erschreckte mich. Ich war doch immer so weltoffen und tolerant gewesen. Doch auch ich begann nun zu pauschalisieren. Aber ich versuchte mich am Riemen zu reißen. Nein, ich wollte weiterhin unvoreingenommen auf alle Menschen gleichermaßen zugehen. Doch ich muss zugeben, dass es mir, wie vielen anderen auch, nicht leichtfiel. Überall herrschte nun nicht nur eine erhöhte Aufmerksamkeit, sondern auch eine gewisse Nervosität. Vor allem, wenn es um das Cockpit ging. Wer sich ihm näherte, konnte als Gefahr erachtet werden. Kollegen erzählten mir von einem Vorfall, bei dem eine ältere Frau, die während eines Flugs dringend auf die Toilette musste und nach vorn Richtung Cockpit eilte, weil sie dort die Toiletten vermutete, regelrecht von der Kabinencrew gepackt und wieder nach hinten gezerrt wurde, weil sie auf die Frage »Was tun Sie da?« nicht sofort geantwortet hatte. Die Arme führte nichts Böses im Schilde. Die Flugbegleiterinnen waren hinterher ganz betroffen und entschuldigten sich natürlich bei der Passagierin. Ich kann das verstehen: Der Alarmlevel war bei uns allen einfach deutlich erhöht. Und besser einmal mehr übervorsichtig gehandelt als einmal zu wenig.

Das Thema 9/11 war noch lange Zeit omnipräsent. Aber während des normalen Flugbetriebs vermied man es, wenn möglich. Vor allem im sogenannten sterilen Cockpit. Das heißt, unterhalb von 10 000 Fuß Höhe redet die Crew über nichts anderes als über die flugnotwendigen Dinge. Beim Ab- oder Anflug einer Destination sind alle anderen Themen tabu. Die Wahrscheinlichkeit, dass sich ein ähnlicher Angriff in naher Zukunft wiederholen würde, schätzte ich als gering ein. Gerade deshalb hatte ich das Gefühl, dass Menschen sich im fliegerischen Kontext nun nicht weniger sicher fühlten als zuvor. Aber was nun auf uns alle zukam, machte es nicht nur für Passagiere umständlicher zu fliegen.

In Windeseile mussten alle Flugzeuge mit Sicherheitstüren umgerüstet werden. Der Zugang zu den Cockpits war ab sofort *bulletproof,* also schussgedämmt. In den Luftraum der USA durften nur noch ausschließlich derart umgebaute Flugzeuge fliegen. Sobald die letzte Fluggasttür geschlossen wird, ist seitdem auch die Cockpittür zu. Über neu installierte Kameras konnten wir nun den Eingangsbereich aus dem geschlossenen Cockpit sehen. Was bei der israelischen Fluggesellschaft El Al schon lange Usus ist, galt nun auch bei uns. Allerdings sind bei El Al die Kameras zusätzlich auf die Kabine gerichtet. Das ist in deutschen Fluggesellschaften wegen der hier geltenden viel strikteren Persönlichkeitsrechte nicht möglich.

Ab sofort durften auch nur noch Mitglieder der diensthabenden Crew das Cockpit betreten. Und dies erst nach einem bestimmten Code. Früher war es üblich, dass Flugbegleiterinnen ab und zu einmal zu uns Piloten nach vorne schauten, eine kurze Pause auf dem *jump seat,* also dem Reservesitz im Cockpit, machten. Doch lange Zeit nach 9/11 schien sich das niemand mehr zu trauen. Auch durften mitreisende Verwandte und Freunde nicht mehr auf diesem *jump seat* mitfliegen.

Es wurden Sicherheitszonen im Flugzeug definiert, die mit Trolleys abgeschirmt werden, sobald der Kapitän das Cockpit verlassen will. Also so einfach mal auf die Toilette gehen, gibt es nicht mehr. Wir müssen immer erst über die Kameras checken, ob sich jemand in der Sicherheitszone am Cockpit befindet, bevor wir es verlassen.

Eine der bedeutendsten Änderungen ist, dass die Piloten nicht mehr eingreifen dürfen, falls es in der Kabine zu einem Vorfall kommt, irgendetwas Außergewöhnliches geschieht. Die Tür bleibt zu. Egal, was hinten passiert. Früher wurden wir vom Kabinenpersonal zur Unterstützung immer wieder einmal zu verhaltensauffälligen oder gar randalierenden Passagieren gerufen, um die Autorität zu unterstreichen, um auszugleichen. Gerade wenn nur weibliche Flugbegleiter Dienst hatten, konnte es helfen, wenn sich ein männlicher Pilot zeigte. Auch bei medizinischen Notfällen haben wir früher geholfen. Doch nun dürfen wir auf keinen Fall mehr eingreifen. Solch eine Szene könnte ja als Vorwand dafür inszeniert werden, um in das Cockpit zu gelangen und das Flugzeug unter Kontrolle zu bekommen. Für uns alle ist das eine komische Situation: Die Crew ist auf sich allein gestellt, wenn es zu Vorfällen kommt. Und wir als Piloten sind uns bewusst, dass wir auch dann nicht eingreifen dürfen, wenn unsere Kollegen oder die Passagiere in der Kabine in Gefahr geraten. Unsere Aufgabe ist es, das Flugzeug unter Kontrolle zu behalten. Die Gewissensfragen konnte ich für mich leicht beantworten: »Rettest du einen oder versuchst du besser alle zu retten? Riskierst du es womöglich, dass ein Terrorist das Flugzeug in ein Atomkraftwerk leitet?« Selbst wenn mein Partner hinten als Passagier mitfliegt … die eigene Tochter … Ich hatte an meiner Verantwortung nie den geringsten Zweifel: Die Tür bleibt zu.

Grundsätzlich ist die mentale Vorbereitung für jeden Flug das A und O. Und das betrifft nicht nur die Wettervorhersage und alle möglichen technischen Details. Ich mache mir heute auch bewusst, wie die Flughäfen aussehen, zu denen ich fliege, wie die Landebahnen beschaffen sind, welche Länderrechte gelten. Wer alles schon einmal in Schulungen und für sich selbst tausend Mal durchdacht hat, kann von einer möglichen Gefahrensituation nicht mehr so sehr überrascht werden. Das hilft uns Piloten, einen kühlen Kopf zu bewahren und idealer zu reagieren, sollte es zu einem Über- oder einem Unfall kommen. Wenn man im Kopf vorbereitet ist, ist man es auch in der Praxis. Wir werden heute auch psychologisch noch intensiver geschult: Wie denken Entführer womöglich? Wie funktioniert das Stockholm-Syndrom? Wie kann ich deeskalierend handeln?

Für mich ist es wegen dieser Trennung besonders wichtig, in den Briefings zu betonen, dass wir aber doch *ein* Team sind.

Weil die Tür in der Regel nun zu bleibt, hat sich auch die Kommunikation zwischen Cockpit und Kabine geändert. Wäre man früher kurz nach vorne oder nach hinten gegangen, um sich abzusprechen oder um etwas zu bitten, telefoniert man nun eher. Doch zögert man dafür immer etwas, weil man vorne ja nicht weiß, womit die Crew hinten gerade beschäftigt ist. Auch aus diesem Grund ist das Briefing vor dem Flug wichtiger geworden. Es schafft eine wichtige Basis, weil man sich während des Fluges ja nun als Crew nicht mehr so häufig sieht wie früher und schnell dies oder das mitteilen kann. Der Abstimmungsprozess ist in jedem Fall nun weniger direkt und langwieriger. Da vieles über das Telefon kommuniziert werden muss, werden wir alle geschult, differenzierter zu beschreiben, was gerade geschieht. Wir sollen Bilder verwenden, die leichter zu begreifen sind. Zum Beispiel kann ein Rauch schwarz, grau oder weiß sein. Wir gleichen da ab: »Ist das bei dir angekommen? Bitte wiederhole, was ich gesagt habe!« Die Piloten haben allerdings sowieso geschulte Ohren, das selektive Hören ist bei ihnen besonders ausgeprägt. Sie sind ja dauerbeschallt durch die Durchsagen der Fluglotsen, die gleichzeitig mit vielen anderen Piloten sprechen. Nur wenn die eigene Flugnummer gesagt wird, hört man bewusst zu.

Am Anfang fühlte es sich im Cockpit dadurch auch einsamer an. Ich fühlte mich von dem Geschehen im Flugzeug wie abgeschnitten. Mittlerweile habe ich mich daran gewöhnt.

Einfach alles rund um das Fliegen wurde von einem Tag auf den anderen nicht nur sicherer und strikter, sondern auch mühsamer und zeitintensiver. Nicht nur wurden die Passagiere genauer kontrolliert, mussten und müssen bis heute in den USA ihre Schuhe ausziehen, für den Fall, dass jemand explosive Stoffe in den Absätzen schmuggeln wollte.

Auch wir Crewmitglieder wurden von unserem Arbeitgeber genauer unter die Lupe genommen: Die sowieso obligatorische Zuverlässigkeitsprüfung wurde verschärft, die Kontrolle im Sicherheitsbereich genauer genommen, der Background-Check musste nun alle fünf Jahre erneuert werden.

Auch fliegen nun auf einigen Flugverbindungen *skymarshalls* mit, die eine Art bewaffnete Polizei darstellen. Im Notfall sollen sie Entführer bekämpfen.

Ankommende und abfliegende Fluggäste durften nun in den Flughäfen nur noch durch Trennwände voneinander abgeschirmt die Flugzeuge verlassen und betreten. Alle angekommenen Gäste müssen den Bereich vollzählig verlassen haben, bevor ein boardender Gast hineindarf. Die Kosten für den Umbau in den Gebäuden für diese Vorkehrungen wurden von den Flughafenbetreibern auf die Fluggesellschaften umgelegt, was eine enorme wirtschaftliche Zusatzbelastung bedeutete, denn auch die Sicherheitstüren waren kostspielig, da es ja die gesamte Flotte betraf.

Auch die Crews der ankommenden und abfliegenden Maschinen mussten nun durch gesonderte Kontrollen gehen. Eine Übergabe, ein Briefing war auf persönlichem Weg plötzlich nicht mehr möglich. Das gilt heute noch. Etwaige Informationen bezüglich technischer Probleme werden nun über Dritte, wie zum Beispiel die Mechaniker, kommuniziert.

Und natürlich gilt für die Crew auch, was für die Passagiere gilt: Flüssigkeiten von mehr als 100 Milliliter sind im Handgepäck verboten. Gerade sind Multiscan-Kontrollanlagen an vielen Flughäfen in Betrieb genommen worden, die so genau kontrollieren, dass alle Computer und auch geringe Flüssigkeiten beim Scannen im Gepäck bleiben dürfen.

Früher trug ich gern einen sogenannten *leatherman* bei mir – auch auf Flügen –, eine Art Taschenmesser mit allen möglichen kleinen Werkzeugen. Das war ab und zu ganz praktisch, wenn ich unterwegs war, ich hatte gar nicht weiter darüber nachgedacht. Aber klar: Darauf musste ich natürlich sofort verzichten.

Die Crew erhielt zudem nun regelmäßig ein besonderes Sicherheitstraining, bei dem wir zum Beispiel auch lernten, wie man einen Menschen fesselt, wie man Alltägliches zur eigenen Verteidigung umfunktionieren kann, Zeitungen rollen, Besteck etc. Zu solchen Schulungen kamen auch Vertreter von Polizei-Spezialeinheiten.

Das Bewusstsein, wenn man zu seinem Dienst geht, ist heute ein anderes als früher. Das Sicherheitsdenken gibt allem eine neue Dimension. Als ich vor 9/11 mein Gepäck bei einem Stopover im Hotel auspackte und meine Wertsachen in den Safe legte, wollte ich möglichen Diebstählen vorbeugen. Heute achte ich weniger darauf, dass man mir etwas stiehlt, als dass man mir, ohne dass ich es weiß, etwas in mein Gepäck schmuggelt, was zu einem Sicherheitsrisiko für mich und mein Umfeld werden könnte.

Immer wenn es irgendwo auf der Welt ein Flugzeugunglück gibt, werde ich von Bekannten oder Freunden angesprochen: »Wie ist das jetzt für dich? Hast du denn keine Angst, wenn du fliegst?« Sie können schwer nachvollziehen, dass ich akzeptiere, dass mein Beruf seine ganz eigenen Risiken birgt, dass ich darüber nicht ständig nachdenke, dass dieser Aspekt für mich nie an erster Stelle steht. Nirgends herrscht einhundertprozentige Sicherheit. Jeder ist auf seine Weise angreifbar und verwundbar. Und nein, ich habe keine Angst vor oder bei dem Fliegen, schon gleich keine Todesangst – sonst wäre ich in meinem Beruf ja vollkommen fehl am Platz. Ich bin mir aber immer bewusst, dass auch mir jederzeit das passieren kann, was anderen Piloten widerfahren ist. Deshalb gehe ich nie – NIE! – leichtfertig ins Cockpit, deshalb bin ich immer allumfassend vorbereitet, wenn ich meinen Arbeitsplatz einnehme, deshalb **ist kein Flug für mich Routine.**

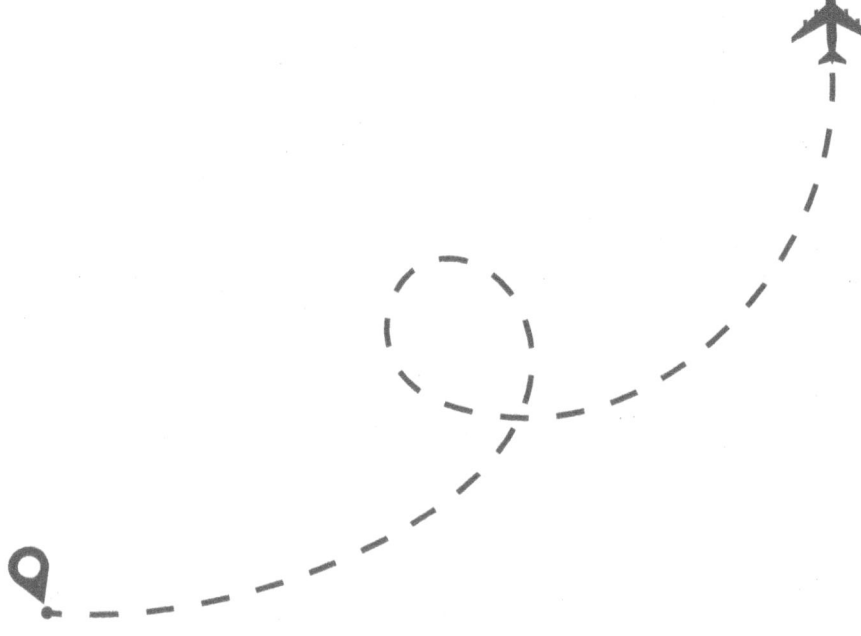

11

Der Mensch im Mittelpunkt

Ich fliege wahnsinnig gerne. Keine Frage. Aber genauso viel Herzblut fließt schon immer in meine Arbeit mit Menschen, in die Rolle, die ich als Führungskraft innehabe. Ich habe über die Zeit festgestellt, dass ich eine Gabe dafür zu besitzen scheine, in Teams eine positive Atmosphäre zu erzeugen, dass Menschen Vertrauen zu mir schöpfen, dass ich es schaffe, sie zu bestärken, zu ermutigen, ihnen ein gutes Gefühl zu geben.

Ich glaube, das steckt bei mir in den Genen: Mein Vater, der ja aus einer Pfarrersfamilie stammte, kümmerte sich oft mehr um seine Mitarbeiter als um das Wohl des Unternehmens. Sein Bruder ist evangelischer Pfarrer geworden und hat sich ein Leben lang für seine Gemeinden eingesetzt. Wie und worüber sich die Brüder austauschten, prägte auch mich. Es ging in ihren Gesprächen immer um andere Menschen, darum, wie man ihnen helfen, ihnen guttun konnte. Sie hatten immer und für jeden ein offenes Ohr. Das ist auch mein Anliegen: Mit dieser Zugewandtheit, mit großer Empathie und Wohlwollen, ja, mit Fürsorge für andere da zu sein.

Das größte Vorbild an respektvollem Umgang mit anderen Menschen ist mir meine Großmutter gewesen, die ich bis zu ihrem Tod häufig besuchte. Mit ihr diskutierte ich jedes Mal, warum Menschen sich wie verhalten. Wir versuchten in unseren Gesprächen die Psychologie zu verstehen, aber auch, wie äußere Umstände Menschen prägen können. Sie wertete nie jemanden ab, sondern sprach mit größtem Verständnis für jeden. Sie lehrte mich auch das wirkliche, das aktive Zuhören, also das Nachfragen, nicht nur das schnelle Urteilen. Oberflächlich zu kommunizieren war ihr ein Gräuel.

Was für mich privat selbstverständlich war, habe ich auch in mein Berufsleben integriert. Mein Flottenchef meinte einmal zu mir: »Für dich ist es immer so einfach zu verstehen, warum etwas auf eine bestimmte Weise geschieht, warum ein Mensch sich genau so verhält und nicht anders. Da liegt eine große Begabung in dir!« Ich empfinde es nicht nur als Begabung, sondern als Aufgabe im Leben und speziell in meinem Beruf, mich genau damit einzubringen. Wenn ich darauf achte, dass jeder im Team sich vollwertig und geachtet fühlt, entsteht eine gute Atmosphäre und gleichzeitig auch ein gestärktes, resilientes und sicheres Team. Deshalb ist auch das *crew resource management*, das sich genau damit befasst, zu meiner Berufung geworden, habe ich darin nach den Ausbildungen zur Flugbegleiterin, zur Pilotin und zur Kapitänin nun meine Erfüllung gefunden.

Ein Motor kann noch so gut funktionieren – was wäre er ohne den Menschen, der ihn bedient?! Der Mensch mit seiner Motivation, mit seinen Fähigkeiten, mit seinen sozialen

Bedürfnissen ist das Herz des Ganzen – aber eben auch mit seinen Schwächen und Fehlern.

Fliegen ist sicherer als Autofahren. Das beweisen uns die Statistiken. Aber ganz ohne Risiko geht es auch in Flugzeugen nicht zu. Neben den seltenen Flugzeugentführungen und den noch selteneren terroristischen Anschlägen kommt es von Zeit zu Zeit auch zu Unfällen. Doch so wie an Autounfällen in der Regel die Fahrer schuld sind, so liegt auch bei Unfällen in der Luftfahrt die Ursache meist nicht an erster Stelle in einem Mangel an der Technik. Dennoch wünschen sich Passagiere Menschen im Cockpit, sie wollen nicht von Computern oder von Maschinen allein gesteuert werden. Letztlich vertrauen sie doch dem Menschen mehr als der Maschine.

Die statistische Wahrscheinlichkeit, dass ich als Pilotin einmal in meinem Berufsleben einen Triebwerkausfall habe, geht gegen null. Auch ein Computerbrand an Bord ist äußert unwahrscheinlich. Wenn wirklich ein Zwischenfall passiert, liegt das häufiger an menschlichem Versagen und einer mangelnden Kommunikation. Das war auch der Fall bei der Flugzeugkatastrophe 1977 auf Teneriffa, als es zu einem Zusammenstoß von zwei Flugzeugen auf dem Rollfeld des Flughafens Los Rodeos kam. Sie gilt als der schlimmste Flugzeugunfall in der Geschichte der Luftfahrt. Eine *Boeing 747* der KLM stieß damals am frühen Abend mit einer anderen *Boeing 747* der Fluggesellschaft Pan Am zusammen. Der KLM-Pilot Jacob Veldhuyzen van Zanten war ohne Freigabe vom Tower auf die Startbahn gerollt. Als er erkannte, dass diese gar nicht frei war, versuchte er steil zu starten und stieß dabei mit der auf der Startbahn entgegenrollenden Pan-Am-Maschine zusammen. Das KLM-Flugzeug schlug auf der Bahn wieder auf und explodierte. 248 Menschen an Bord kamen dabei ums Leben, von den 396 Pan-Am-Passagieren überlebten nur 61. Die Sprachprotokolle bestätigten eine missverständliche Kommunikation zwischen Cockpit und Tower. Doch auch Zeitdruck sowie der dichte Nebel, der zu dem Zeitpunkt herrschte und die Sicht beeinträchtigte, spielten eine Rolle. Auch wenn van Zanten, der ein erfahrener Pilot war, die Hauptschuld an dem Unfall trifft, war er doch nicht ganz allein verantwortlich. Es war zu einer Überlagerung im Funkkanal gekommen, als sowohl die Pan Am als auch der Fluglotse auf demselben Kanal eine Nachricht schickten. Das KLM-Cockpit hatte diese Nachrichten, die beide die Tatsache betrafen, dass die Pan-Am-Maschine noch auf der Bahn war, deshalb nicht hören können.

Die Fluggesellschaften und die Flugsicherung zogen aus diesem schrecklichen Unfall sofort Konsequenzen und führten Maßnahmen zur erhöhten Sicherheit ein: Die Formulierungen, die zwischen Cockpit und Tower über Funk laufen, wurden verbindlich vereinheitlicht und die Flughäfen mit einem Bodenradar ausgestattet. Aber da nun offensichtlich war, dass der Mensch eine große Rolle bei der Sicherheit spielt, begann man die Zusammenarbeit, allem voran die Kommunikation, zwischen den Crewmitgliedern zu verbessern.

Wir Piloten werden als »Führungselite« trainiert. Aber was wäre der Kopf eines Teams ohne seine Mitarbeiter? Genauso wie in der Formel 1 oder in einem anderen Spitzensport, wo der Sportler Menschen braucht, die ihn unterstützen (Trainer, Ärzte, Ernährungsexperten, Coaches etc.), um Höchstleistungen erreichen zu können und den Kopf frei zu haben, braucht ein Pilot oder eine Pilotin ihre Crew. Wie könnten sich Piloten also herausnehmen, diese als Menschen zweiter Klasse zu behandeln? Gar nicht! Wer andere schlecht behandelt, wird selbst auch schlecht behandelt. Gerade wenn es um Sicherheit geht, wenn Hunderte von Passagieren reibungslos von A nach B gebracht werden sollen, ist nicht nur ein gut eingespielter Arbeits- und Ablaufplan wichtig, sondern auch die respektvolle Kollegialität untereinander. Eine Flugcrew setzt sich jedes Mal aus anderen Menschen zusammen. Deshalb ist das auch nicht selten eine Herausforderung. Wenn sich alle wohlfühlen, ist die Sicherheit am besten gewährleistet, weil die Leistungsfähigkeit auf einem hohen Niveau ist. Und auch jeder Pilot, jede Pilotin ist ein Mensch. Das sollte man nicht vergessen. Eine Bekannte sagte einmal zu mir ganz unvermittelt im Gespräch: »Stimmt, so habe ich das nie gesehen. Für mich muss der Pilot das Flugzeug fliegen, dass dahinter auch ein Mensch mit all den normalen Bedürfnissen steht, hatte ich nicht im Kopf.«

Der Mensch, nicht die Maschine, ist der Sicherheitsfaktor Nummer eins. Klar, die Computer können noch so komplexe Sachverhalte berechnen. Von allen technischen Einrichtungen gibt es an Bord eine Redundanz, es gibt sie zwei-, drei- oder sogar viermal – nur für den Fall, eine könnte ausfallen. Doch in letzter Konsequenz ist es der Mensch, der Pilot, der mit unvorhersehbaren Veränderungen der Umstände – des Wetters oder des Flugverhaltens von Piloten anderer Flugzeuge – umgehen, flexibel reagieren muss. Jeder Flug ist für mich ein Präzedenzfall – immer passiert irgendetwas, was man nicht durchdacht hat, auch bei der besten Vorbereitung. »Ihr seid meine Lebensversicherung!«, sage ich gerne zu meiner Crew in der Kabine. »Ich verlasse mich darauf, dass ihr euren Job macht, eure Rolle ausfüllt. Und wenn ihr eine Pause braucht, setzt euch kurz hin, trinkt etwas Wasser und achtet darauf, dass ihr fit seid!« Wir müssen uns an Bord gegenseitig Ressource sein, abfangen, was unvorhersehbar eintrifft, wo die Technik nicht weiterhilft oder gar lahmt. Man kann nicht jeden winzigen technischen Fehler kennen oder gar jede Fehlerkombination. Aber wir können unsere Kompetenzen auf allen Gebieten bestmöglich schulen: menschlich, zwischenmenschlich und technisch. Man will mit allen möglichen Mitteln diesem statistisch betrachtet recht unwahrscheinlichen Fall eines Unfalls vorbeugen. Wenn ich alle nur erdenklich möglichen Fälle unzählige Male durchgespielt habe, fällt mir im wirklichen Notfall eher ein, wie ich damit umgehen muss.

Bei den *crew resource management*-Kursen der Lufthansa steht der Mensch im Mittelpunkt der Trainings, nimmt das Zwischenmenschliche den größten Raum ein. Das in den ersten Jahren einzig auf Piloten zugeschnittene Programm wurde mittlerweile auch auf die Kabinencrew ausgeweitet.

Der Fokus liegt nicht mehr nur darauf, welche Knöpfe wir im Cockpit drücken müssen, damit alle sicher ankommen. Wir sind angehalten, uns noch ganz andere Fragen zu stellen: Was hilft mir, eine schwierige Situation gut zu bewältigen? Wie gehe ich mit meinen Kollegen um? Woran erkenne ich meine Stressfaktoren? Während dieser turnusmäßigen Schulungen sollen uns unsere menschlichen Grenzen immer wieder aufgezeigt werden: Was beeinflusst unsere Leistungsfähigkeit positiv und was negativ? Worauf wir schon in der Ausbildung geeicht wurden, wird hier noch intensiviert.

Wir Piloten sind Alphatiere, jeder mit einer starken Persönlichkeit, jeder auch sehr unterschiedlich. Wir sind zwar bei einer Fluggesellschaft angestellt, aber im Flugbetrieb sind wir doch relativ autark und in Hochkonzentrationsphasen, wenn wir um die Welt fliegen, in unserer Führungsrolle auf uns selbst gestellt. Aber was wären wir ohne unseren Copiloten und was ohne die Crew im Cockpit, was ohne den Techniker und das gesamte Bodenpersonal? Wir brauchen uns gegenseitig. Während der CRM-Schulungen sollen Piloten auch dafür sensibilisiert werden, ihre Teamkollegen aus der Kabine nie mit weniger Respekt zu behandeln als ihre Copiloten. Jeder ist an seinem Ort wichtig für einen guten und letztlich sicheren Ablauf eines Flugs. Auch all das betrifft den Faktor Mensch.

Als Kapitänin habe ich die Aufgabe, aus all den bunt gemischten Mitgliedern ein gutes Team zu bilden. Wir haben sehr viel Einfluss darauf, welche Energie bei einem Flug herrscht. Nicht immer läuft alles rund. Aber alles beginnt bei mir als Kapitänin. Deshalb muss ich mich immer wieder selbst anschauen: Wo stehe ich gerade? Was bringe ich mit ins Briefing, mit an Bord? Wo kann ich ein gutes Beispiel sein? Denn nicht nur, wenn es hart auf hart kommt, sollten im Team keine Animositäten herrschen, sondern Harmonie.

Deshalb geht es bei den CRM-Schulungen immer wieder um die Stellung der Piloten, des Kapitäns, im Team beziehungsweise um seine Aufgabe als *team leader*. *Vom Ich zum Du zum Wir*. Wie schaffe ich es als Kapitän, ein psychologisch sicheres Team zu bilden – gar nicht einfach bei ständig wechselnder Besatzung. Das jeweils neue Zusammenwürfeln ist allerdings ein bewusster Prozess, um die Achtsamkeit im Job zu erhöhen. Niemand soll sich in seiner Rolle so eingespielt haben, dass er denkt, er könne es mit links. Die Gefahr von immer gleichen Zusammensetzungen ist, dass die Crew lasch werden könnte, sich zu sehr darauf verlassen würde, dass der andere schon das tut, was er ja sowieso immer getan hat: »Wir kennen uns doch, wir sind uns einig …« Eine wechselnde Teambesetzung beugt vor, dass sich Prozesse einschleifen, was die Flexibilität für Unvorhergesehenes untergraben könnte. Nein, wichtig ist, dass sich jeder immer wieder neu einstellen muss, damit er bewusst mit allen Abläufen im Flugzeug umgeht.

Angehende Piloten brauchen genauso wie erfahrende Kapitäne immer wieder einen frischen Blick auf das eigene Verhalten und auf den Umgang mit den Kollegen: Wie delegiere ich optimal? Wie spreche ich bei Kollegen Defizite an? Wie weise ich auf die Kleiderordnung hin? Was soll ich tun, wenn ein Kollege häufig zu spät kommt? Was, wenn ein

Kabinenchef mich nicht ernst nimmt? Wie verhalte ich mich beim Briefing? Wie schenke ich Vertrauen?

»Communication is a struggle«, sagt man im Englischen. Ja, den richtigen Ton, die richtigen Worte zu finden, ist nicht immer einfach. Aber überhaupt zu sprechen, sich auszutauschen, ist besser als zu schweigen, zu schmollen, sich still zu ärgern, sich zurückzuziehen, sich nicht zu trauen. Reden, miteinander ins Gespräch zu kommen, das ist der Schlüssel zur eigenen Stärke. Und zu der des Gegenübers. Es ist eine Win-win-Situation, im Austausch miteinander zu sein. Und ich bin davon überzeugt, dass wir Lösungen für vertrackte Situationen nur finden, wenn wir in die Kommunikation gehen, auch wenn sie nicht immer perfekt ist oder gelingt.

Beim CRM-Training üben auch Cockpit und Kabine szenische Situationen gemeinsam, für die wir ja auch gemeinsam verantwortlich sein könnten, auch wenn wir im täglichen Miteinander-Arbeiten nicht alles über die jeweiligen Arbeitswelten wissen. Beispiel: Auf dem Weg von Washington nach Dublin tritt ein medizinischer Notfall auf, ein Fluggast hat Herzprobleme. Wir sind mitten über dem Atlantik. Die Kabinencrew versucht, den bewusstlosen Gast auf dem Boden zu reanimieren. Dafür wird der Küchenbereich freigeschafft. Das Team klopft ab: Reist er allein? Welche Sprache spricht er? Nimmt er Medikamente? Hat er Papiere dabei, die seine Krankheitsgeschichte dokumentieren? Gibt es einen Arzt an Bord? Welcher Flugbegleiter ist für was zuständig? Wo könnten wir vor Dublin notlanden? Es gibt für solche Notfälle feste Verfahren, die wir gemeinsam durchspielen. Wir beobachten dabei, was im Umgang miteinander passiert. Wenn etwas nicht rundläuft, ermutige ich die Crew, ihre Beobachtungen und Bedenken offen anzusprechen. Das Vertrauen zu haben, sagen zu können, was einem auf dem Herzen liegt, nicht von anderen dafür abgestempelt oder verurteilt zu werden, gehört zur Grundlage eines guten Teams. Bei einem Flug, gerade bei Langstrecken, sind wir ja alle aufeinander angewiesen, können uns nicht »entkommen« oder uns verstecken.

Ich engagiere mich dafür, dass der Sicherheitsfaktor Mensch im Flugbetrieb und der Wirtschaft stärker mit einbezogen wird. Dafür sollten Kollegen nicht nur auf einer Ebene geschult und inspiriert werden. Mitarbeiter aus allen Bereichen des Unternehmens sollen miteinander kommunizieren. Damit das erfolgreich klappt, legen wir großen Wert auf die gemeinsame Schulung in den unterschiedlichsten Bereichen. Sowohl Piloten als auch die Kabinencrew trainieren ihre Fähigkeiten unter anderem bei Workshops mit den Themen: »Ideale Kommunikation«, »Arbeiten im Team«, »Wie geht man mit aufkommender Müdigkeit um?«, »Situationsbewusstsein«, »Sicherheit«, »Resilienz«, »Wie reagiert man, wenn Unvorhergesehenes geschieht?« oder »Führungsqualitäten«.

Die Trainings, die sowohl für die Piloten als auch für die Kabinencrew einmal jährlich verpflichtend angeboten werden, überlappen sich teilweise und setzen sich aus einer Vielzahl an Themenbereichen zusammen – von Kommunikation, Teamarbeit, Arbeitsbelastung über situative Aufmerksamkeit, Sicherheitskultur bis hin zum Umgang mit Bedrohungen und Fehlern oder den Grenzen der menschlichen Leistungsfähigkeit. Im Fachjargon heißt das: *communication, team work, work load management, situational awareness, startle and surprise, personality awareness, fatigue and vigilance, automation, assertiveness, safety culture, threat and error management, leadership, resilience, human performance limitation.* Anhand von Fallstudien machen wir uns möglichst viele Aspekte bewusst, wie wir uns als Menschen in Gefahrensituationen bestmöglich verhalten können. In meinen Schulungen lege ich großen Wert darauf, dass die Kollegen sich fragen, ob sie ihr soziales Umfeld noch mehr festigen können, denn: Neueste Studien haben gezeigt, dass die Festigung und die Erweiterung des sozialen Umfelds die Resilienz stärkt. Mit diesen Schulungen wollen wir unsere Belegschaft dafür sensibilisieren.

Und am wichtigsten: Wie wir am besten (kurzfristig, auch unter Zeitdruck) entscheiden. Die Formel dafür lautet FOR-DEC. Wenn ich dieses Wort zu meinem Kollegen sage, weiß er sofort, was ich meine, und welches Programm jetzt im Kopf abgespult werden muss. Jeder Pilot kennt es:

FACTS – Was sind die Fakten? (Einem Fahrgast geht es gesundheitlich schlecht. Was hat er? Wo befinden wir uns? Wo ist der nächstgelegene Flughafen?)

OPTION – Welche Handlungsmöglichkeiten stehen zur Auswahl? (Weiterfliegen oder außerplanmäßig landen? Geht es dem Gast gut, schlecht, schlechter?)

RISKS/BENEFITS – Was sind die Risiken? (Dem Gast geht es zunehmend schlechter. Der Ausweichflughafen ist nicht für meinen Flugzeugtyp geeignet. Die anderen Gäste kommen pünktlich an.)

DESICION – Treffen der Entscheidung.

EXECUTION – Die Entscheidung wird ausgeführt.

CHECK – Hat sich die Faktenlage zwischenzeitlich geändert? (Falls ja, fängt man vorne wieder an …)

Dieses Modell kann man auf jede erdenkliche Entscheidungssituation anwenden. Ist die Entscheidung weniger zeitkritisch, kann man sie auch in aller Ruhe durcharbeiten und die Optionen erst einmal auf sich wirken lassen, bevor man im Verfahren weitergeht. Ansonsten greift man auf die erste Option zurück.

Und was, wenn nicht die Passagiere, sondern das Personal Hilfe braucht, wenn ein Crewmitglied zum Beispiel ein schwieriges oder gar traumatisches Ereignis miterleben musste und darauf mit Verunsicherung oder Angst reagiert? Dafür gibt es das *critical incident stress management* (CISM), eine von den Fluggesellschaften unabhängige ehrenamtliche Einrichtung der Stiftung Mayday, in der ich seit über 20 Jahren tätig bin. Sogenannte *peers*, also psychologisch geschulte Kollegen aus demselben Arbeitsfeld, bieten Gespräche zur Verarbeitung und Einordnung »kritischer Situationen« an. Sie sind im Notfall sofort ansprechbar. Meist hilft das schon.

Wer allerdings weitere Hilfe braucht, wird an professionelle Psychologen weitergeleitet.

Der Faktor Mensch hat in den letzten Jahren bei Fluggesellschaften immer mehr an Bedeutung gewonnen. Natürlich will man, dass es den Mitarbeitern gut geht. Aber als Dienstleister steht selbstverständlich auch das Wohlbefinden und die Sicherheit der Kunden im Vordergrund. Wem es gut geht, wer gut in seinem Leben verankert ist, wer ausgeruht und fit ist, kann mehr Sicherheit garantieren. Der Mensch steht immer an erster Stelle. Wo Menschen sich gut betreut und respektiert fühlen, wo ihr Wert geschätzt wird, arbeiten sie besser. Davon profitiert dann das gesamte Umfeld, auch das Unternehmen, für das der Mensch arbeitet.

12

Nachtflug

Zehn Stunden nonstop im Cockpit, 9500 Kilometer, neun Zeitzonen: München-Vancouver. Und wieder zurück. Mein Alltag als Langstreckenkapitänin ist kein Spaziergang. »Wie kannst du dich nur so lange konzentrieren? Und dann auch noch nachts ...« Meine Freunde sind immer wieder aufs Neue verblüfft, wenn ich in der Runde am Stammtisch unseres Lieblingsbiergartens ganz entspannt von meinen letzten Flügen erzähle.

Jeder Flug bedeutet für mich, wie sicher für jeden Piloten, eine innerliche Anstrengung. Doch Langstreckenflüge sind nicht nur psychisch, sondern vor allem auch körperlich jedes Mal herausfordernd. An erster Stelle spielt der Kampf gegen die Müdigkeit eine Rolle, wenn man stundenlang und über verschiedene Zeitzonen hinweg von seinem Sitz aus in den womöglich immer gleich blauen Himmel schaut. Für Piloten gilt: »Immer ausgeschlafen und ausgeruht zum Dienst erscheinen!« Wenn ich während eines Fluges merke, dass ich dennoch müde werde, gibt es mehrere

Möglichkeiten, den eigenen Organismus wieder in Schwung zu bekommen: Ich stehe kurz auf, gehe auf die Toilette, ich trinke einen Espresso, strecke mich, bewege meine Beine oder unterhalte mich mit meinem Pilotenkollegen. Die Gespräche handeln dann nicht nur vom Fliegen. Ich hatte schon die interessantesten philosophischen Diskurse hoch über den Wolken. Ein solch interessanter Austausch hält wach. Was mir zudem hilft, ist ständige Wasserzufuhr. Ich trinke an Bord meist mehrere Flaschen stilles Wasser. Kohlensäure würde zu sehr blähen.

Wenn die Müdigkeit mich trotz alledem zu übermannen droht, nehme ich von meinem Recht auf *napping* Gebrauch. Maximal 20 Minuten darf jeder Pilot in Absprache mit seinem Copiloten bei Langstreckenflügen bei Bedarf einen Kurzschlaf halten. Die gesamte Crew des Flugzeugs wird informiert, sobald ein Pilot sich zum Schlaf in seinem Pilotensitz zurücklehnt. Nach der abgelaufenen Zeit wird der Schlafende wieder geweckt. Sowieso ist es die Regel, dass ein Mitglied der Kabinencrew jede halbe Stunde im Cockpit vorbeischaut, um nachzusehen, dass dort alles in Ordnung ist. (Mitglieder der Crew sowie die Piloten dürfen nach bestimmten Vorsichtsmaßnahmen rein und raus. Für alle anderen bleibt die Tür geschlossen.) Man achtet aufeinander. Es fällt auch gar nicht schwer, »auf Kommando« einzuschlafen. Die Augen fallen, wenn sie dürfen, in der Regel sofort zu. Schließlich ist es eine große körperliche Anstrengung in der Nacht, wenn der Biorhythmus natürlicherweise nach Schlaf verlangt, »künstlich« wach zu bleiben.

Während des Fluges spielt auch die Ernährung eine Rolle. Tut es mir wirklich gut, das Steak zu essen, das im Flugzeug angeboten wird, obwohl es nach meiner inneren Zeit gerade zwei Uhr nachts ist? Ich nehme schon vor dem Dienst keine fette Mahlzeit mehr ein, verzichte auf Fleisch und andere schwer verdauliche Nahrungsmittel. Aber um nicht hungrig an Bord zu gehen, esse ich Obst und Gemüse. Die Piloten greifen während eines Fluges übrigens immer zu unterschiedlichen Mahlzeiten, für den Fall, dass das Essen, zum Beispiel Fisch, vergiftet oder verdorben wäre. So wären nicht beide Piloten gleichermaßen betroffen, und einer von beiden könnte im Notfall das Flugzeug allein weiterfliegen.

Nicht *nur* ausgeschlafen zu sein, gehört zu der indirekten Verantwortung eines Piloten. Wir sollten uns auch körperlich fit halten. Seit meinem Bandscheibenvorfall achte ich besonders auf die Beweglichkeit meines Rückens. Bei jedem Layover zweier Flüge gehe ich im Hotel ins Fitnessstudio und trainiere. Zu Hause spiele ich Tennis und fahre SUP auf dem Main. Nach einem Flug bin ich auch immer die Erste, die sich bereit erklärt, unseren Hund Gassi zu führen. Ich liebe es, beim Spazierengehen meinen Sauerstoffvorrat im Blut wieder aufzufüllen. Ich fühle mich nach der körperlichen Bewegung nicht nur in meinem Körper wohler, ich bin dann im Dienst auch weniger anfällig für Verspannungen wegen des stundenlangen Sitzens.

Wenn es während eines Flugs dann doch irgendwo drückt oder schmerzt, setze ich mich möglichst aufrecht hin und mache kleine gymnastische Bewegungen, um die Halswirbelsäule und die Schultern etwas zu lockern. Für schwere Beine haben wir im Cockpit eine Vorrichtung, eine Art Ruderpedale vor unseren Sitzen. Darauf können wir die Füße legen, um die Durchblutung und den Kreislauf nicht erlahmen zu lassen. Ich hätte es mir früher ja nicht vorstellen können, aber ich trage seit einiger Zeit auf langen Strecken vorsorglich auch Stützstrümpfe. Das hilft.

Ich bin immer wieder dankbar und froh darüber, dass es heute Rollkoffer gibt. Denn die Flughäfen werden immer größer und die Strecken immer länger. Gerade an Orten wie Kuala Lumpur, Seoul oder Jakarta mussten wir früher unser Gepäck immer kilometerweit schleppen. Aber ehrlich gesagt habe ich früher auch viel mehr eingepackt. Mittlerweile halte ich mein Gepäck möglichst klein.

Ja, und dann ist da noch die geringe Luftfeuchtigkeit an Bord. Viele Piloten behelfen sich mit Augentropfen oder Nasenspray, um die Schleimhäute besser zu befeuchten. Ich brauche das nicht wirklich. Dennoch merke ich, wie viel angenehmer die neue Generation von Flugzeugen, wie der *Airbus A350*, diesbezüglich ist. Mir scheint, die Luftfeuchtigkeit bleibt darin besser erhalten. Ich habe mir zudem vor vielen Jahren die Nasenscheidewand begradigen lassen, seither bin ich viel weniger anfällig für Schnupfen. Mit einer Erkältung zu fliegen ist ziemlich unangenehm. Aber natürlich will man so wenig wie möglich bei seinen Diensten fehlen, weil sich sonst der Dienstplan wieder verschiebt und eine riesige Neukoordination ansteht.

Vielen Fluggästen macht der Druck auf die Ohren beim Starten und Landen zu schaffen. Piloten lernen, einen

Druckausgleich über die Nase und das Trommelfell zu schaffen. Ich habe damit nur geringe Probleme.

Das Dauergeräusch der laufenden Motoren, der Lärm, dem man im Flugzeug oft über viele Stunden ausgesetzt ist, kann nicht nur belastend auf den Körper, sondern auch auf die Psyche wirken. Selbst wenn die Triebwerke nicht laufen, wird ein Flugzeug niemals ganz ausgeschaltet. Es rumort weiter. Aber ich nehme das gar nicht mehr als Lärmbelastung wahr, so sehr habe ich gelernt, nur die wichtigen Geräusche und Stimmen herauszufiltern. Piloten trainieren das selektive Hören von Anfang an. Die standardisierten Formulierungen der Fluglotsen laufen immer im Hintergrund, ohne Pause. Erst wenn die eigene Flugnummer genannt wird, schaltet das Gehirn blitzschnell auf bewusstes Aufhorchen und Zuhören der Durchsage. »Boah, ich habe überhaupt nichts verstanden!«, bemerken die meisten Flugbegleiter, die im Cockpit vorbeischauen. Wir Piloten schon.

Neben dem Hörvermögen muss auch die motorische Reaktionsfähigkeit bei Menschen, die in einem *high-risk environment* und in *high-reliability jobs* tätig sind, spitzenmäßig sein – schließlich hängen ja Menschenleben davon ab. Ärzte, Rettungssanitäter, Feuerwehrleute, Angestellte in der Zentrale eines Atomkraftwerkes – keiner kann sich erlauben, »mal drüber zu schlafen«. Im Zweifel heißt es, jetzt oder nie! Jede Sekunde zählt. Auch Piloten müssen im Dienst zu jeder Zeit einsatzbereit sein. Jeder Handgriff zählt im Notfall, jeder Knopfdruck kann überlebenswichtig sein. Ich muss von jetzt auf gleich funktionieren können, ständig meine situative Aufmerksamkeit aufrechterhalten. Auch für diese

Art der Wachheit hilft es, wenn wir Piloten uns unterhalten, wenn gerade wenig passiert, wir bei Nacht lange einfach geradeaus fliegen. Je weniger um einen herum passiert, umso anstrengender ist es, wach und für alles bereit zu sein, 100 Prozent im Hier und Jetzt zu bleiben.

Natürlich ist auch der Zeitdruck, unter dem wir Piloten unseren Dienst tun, ein ständiger Begleiter und verursacht zuweilen Stress. Jede Minute kostet im Flugbetrieb viel Geld. Und die Passagiere müssen Anschlussflüge erreichen. Der Flugplan muss eingehalten werden. Alle Vorgänge sind minutiös getaktet. »Wie viel Uhr ist es?« – Ich habe meine Armbanduhr immer im Blick. Noch 15 Minuten bis zum Briefing. Noch zehn Minuten, bis der Crewbus losfährt. Noch drei Minuten, bis die Türen schließen. Noch zwei Minuten, bis wir auf die Startbahn rollen. *Ready for take-off!*

Und wehe, wenn es zu einer Verspätung kommt … Wenn ich merke, dass mir die Zeit davonläuft und ich den ursprünglichen Plan nicht einhalten kann, denke ich schon reflexartig über die Konsequenzen nach: Wann muss ich spätestens am Zielort ankommen? Wie viel Zeit kann ich womöglich aufholen? Ich bin ja für die Optimierung des Gesamtpakets verantwortlich. Dass einem die Zeit ständig im Nacken sitzt, empfinde ich als besonders anstrengend an meinem Job. Aber es gehört einfach dazu. Zu viele andere Menschen und Abläufe sind davon abhängig. Kaum komme ich zu Hause von meinem Dienst zurück, lege ich meine Uhr ab und gehe in den »Chill-Modus«. So trenne ich die zwei Zeitzonen »privat« und »beruflich«.

Ein wichtiges Thema ist auch die kosmische Strahlung. Wir verfügen über ein sogenanntes Strahlenkonto und ein Limit an Höhenstrahlung, dem wir pro Jahr ausgesetzt sein dürfen. Die Belastung wird bei jedem Flug gemessen und verzeichnet. Je näher man an den Polen fliegt und je höher, umso stärker ist die Strahlenexposition. Ich kümmere mich ehrlich gesagt nicht weiter um mein berufliches Strahlenkonto. Zu fliegen ist mir wichtiger.

Um all diese Belastungen gut zu bewältigen, ist es am allerwichtigsten, dass man als Pilot alle Abläufe im Vorhinein im Kopf durchspielt. Wie wird das Wetter sein? Wo gibt es an den Flughäfen mögliche Gefahrensituationen? In welchen Zeitzonen werde ich mich bewegen? Wie wird die Sonne stehen? Welches Flugzeug werde ich fliegen?

Und dann geht es los: In der Uniform bin ich Repräsentantin meiner Fluggesellschaft, nicht mehr die Privatperson Cordula Pflaum. Ab jetzt wird jeder Schritt im öffentlichen Raum beäugt. Das gibt auch Halt und Haltung. Ich bin immer stolz, mich in voller Kapitänsmontur in den Flughäfen zu bewegen. Und ich bin mir bewusst, dass ich Vertrauen, Sicherheit ausstrahlen muss. **Auf mich kann man sich verlassen – das ist die Botschaft hinter der Uniform und den vier Streifen am Ärmel.** Ich weiß – als Frau nimmt man mich in dieser schönen Uniform noch mehr wahr. Wie oft drehen sich Passagiere nach mir um, wenn ich an ihnen vorbeigehe. »Schau mal! Eine Pilotin!« Mir ist bewusst, dass ich ein Aushängeschild bin, ein *role model*. Selbst wenn ich einmal keinen guten Tag habe, verschwinden die Sorgen hinter der Uniform. Wenn ich sie anziehe, weiß ich, dass ich funktionieren muss, weil viele andere Menschen von mir abhängen, sich auf mich verlassen. Ich bin die Kommandantin. Ich habe dann keinen Platz für meine eigenen privaten Probleme, ich muss sie für die Zeit meines Dienstes ausblenden. Sie müssen daheimbleiben. Trotzdem gibt es natürlich auch Situationen, die mich an mein Limit bringen. So zum Beispiel, als ich eines Abends, kurz vor dem Abflug nach Mumbai, einen aufgeregten Anruf von meiner damals 13-jährigen Tochter erhielt: »Mama, Mama, ich sitze bei einem Wahnsinnsschneegestöber im Zug fest. Irgendein Personenschaden auf den Gleisen. Der Zug soll später nach München umgeleitet werden. Aber ich bin doch auf dem Weg ins Internat! Papa kann ich nicht erreichen, er ist auch im Dienst. Was soll ich jetzt nur tun?« Ich konnte, als ich diese Worte hörte, nur sehr schwer abschalten und mich auf die Vorbereitung des Fluges konzentrieren. Also überlegte ich schnell, wie ich die Situation unter Kontrolle bringen könnte. Ich rief einen Pilotenkollegen an, der in München wohnt. Gott sei Dank hatte er gerade frei. Er versprach mir, meine Tochter am Bahnhof in Empfang zu nehmen und persönlich ins Internat zu fahren. Als ich losflog, wusste ich nicht, ob alles klappen würde. Ich konnte nur vertrauen und loslassen – und: mich auf meinen Flug konzentrieren. In Mumbai angekommen, erfuhr ich, dass alles gut gelaufen war. Meine Tochter war nach stundenlangem Aufenthalt auf offener Strecke spätabends in München angekommen, und mein Kollege hatte sie mit einer Portion Pommes abgeholt und wohlbehalten an ihren Zielort gebracht. Puh!

Selbst wenn Unvorhergesehenes geschieht, muss ich meine Professionalität gewährleisten. So auch, wenn zum Beispiel eine Schlechtwetterfront mit schweren Gewittern aufzieht und meine Passagiere aber aus dem Fenster nur blauen Himmel sehen. Dann muss ich sie freundlich und kompetent darüber informieren, was auf uns zukommt. Oder im schlimmsten Fall: Wir müssen zwischenlanden, weil ein Weiterflug nicht zu verantworten ist. Wir stranden an einem Ort, in einem Flughafen, von wo aus für alle Passagiere Übernachtungen organisiert werden müssen, dann sind wir in Uniform die Ansprechpartner – und ich die letzte Instanz, sowohl für meine Crew als auch für die Fluggäste.

Die körperlichen und geistigen Herausforderungen beim Fliegen, vor allem auf den Langstrecken, nehmen mit zunehmendem Alter zu.

Naturgemäß nimmt auch die Reaktionsfähigkeit mit den Jahren ab. Das lässt sich nicht verleugnen. Auch ich gebe zu, dass die jahrelange Flugpraxis bei mir ihre Spuren hinterlassen hat. Körperlich stecke ich diese langen Flüge nicht mehr so einfach weg wie vor 20 Jahren. Ich muss mich heute noch besser als früher auf sie einstellen und meinen Biorhythmus darauf vorbereiten, dass es zu einer Mehrbelastung kommen wird. Ich brauche auch ausgedehntere Ruhephasen zwischen den Flügen als früher. Noch vor einigen Jahren bin ich nach der Rückkehr von einem Flug aus den USA oder aus Asien zu Hause ohne Probleme gleich noch zum Handballspiel meiner Mannschaft gegangen. Ich fand es super, mich körperlich noch zusätzlich auszupowern. Heute ist das anders. Jetzt lege ich mich erst mal hin und drehe dann eine kleine Runde mit unserem Hund. Ich bin viel ermatteter von einem Dienst als früher. Auch vor einem Flug lege ich mich in der Regel hin, um Kraft zu sammeln. Wie gut, dass ich schon immer und überall zu jeder Zeit gut schlafen konnte! Am Zielort eines Fluges angekommen, kann es sein, dass man sich in einer vollkommen anderen Zeitzone befindet als die, von der aus man losgeflogen ist. Folglich ist der Schlafrhythmus ein ganz anderer. Ich lasse meine Uhr immer auf deutscher Zeit, andere Piloten passen ihre Uhrzeit der örtlichen Tageszeit an. Dennoch schlafe ich einfach dann, wenn ich das Bedürfnis dazu habe, egal welche Zeit meine Uhr anzeigt, ob Tag oder Nacht. Früher konnte ich den Schlaf allerdings immer so einrichten, dass er passgenau zu meinen Flügen war. Das klappt heute nicht mehr so gut.

Wenn man jung ist, will man einfach nur fliegen, fliegen, fliegen. Man stellt alles andere hintenan. Doch heute ist es mir auch wichtig, dass mein Flugplan mit meinen familiären Ereignissen kompatibel ist. Ich möchte nicht zum zweiten Mal den Geburtstag meiner Schwiegermutter verpassen oder ein Fest in der Schule meiner Töchter. Auch möchte ich nicht ständig meine Freunde vertrösten. Denn irgendwann wird man überhaupt nicht mehr eingeladen, wenn man immer nur absagt. Mein soziales Gefüge ist mir über die Jahre immer wichtiger geworden. Aber weit vorausplanen kann ich dennoch nicht. Eine Hochzeit im Mai, Einladung schon im November? Sorry, ich weiß einfach nicht, ob ich kommen kann … Denn die Flugpläne werden kurzfristig gemacht. Wir erhalten sie immer erst einen Monat im Voraus.

Und natürlich gibt es keine Garantie auf freie Wochenenden oder Feiertage oder Ferien.

Unsere Fitness und damit Flugtauglichkeit wird übrigens durch regelmäßige Check-ups beim Dienstarzt überprüft. Bis zum Alter von 60 Jahren müssen wir uns einmal im Jahr kontrollieren lassen, danach zweimal pro Jahr: Augen, Ohren, Herz – alles muss 1a in Form sein. Als ich jung war, ging ich ganz unbedarft in so eine Untersuchung. Ich wusste ja, dass alles okay war. Jetzt habe ich doch immer einen gewissen Bammel: Was, wenn der Arzt feststellt, dass mein Gehör nachgelassen hat? Oder irgendeine andere körperliche Schwäche diagnostiziert, die meine Flugtauglichkeit einschränken würde? Übrigens ist es ein Gerücht, dass Piloten keine Brille tragen dürfen. Aber: Wir dürfen unsere Augen nicht lasern lassen.

Im Schnitt gehen unsere Kollegen bei Lufthansa mit 60 in Rente. Aber schon mit 55 besteht die Möglichkeit, in den vorzeitigen Ruhestand auszuscheiden, wenn die körperlichen Strapazen als zu groß empfunden werden. Viele Kollegen beginnen dann ihr »zweites Leben« und genießen es, nicht länger so extrem unter Strom und in der Verantwortung zu stehen. Sie wollen endlich ohne Zeitdruck ihre privaten Interessen ausleben und nicht mehr ständig Koffer packen und zwischen Zeitzonen cruisen.

Es gibt aber auch eine andere Gruppe von Piloten, die die volle Zeit ausreizen, in der sie fliegen dürfen. Sie meinen, dass sie noch mit 100 in die Lüfte abheben können. Sie kennen nichts anderes in ihrem Leben als zu fliegen. Sie leben dafür. Doch das ist leider nicht ewig möglich: Mit 65 ist wirklich endgültig Schluss. Nicht selten fallen solche Piloten in ein Loch, wenn sie plötzlich nicht mehr »wichtig« sind und die Erde nicht mehr von oben sehen.

Ich selbst habe mir keine Deadline gegeben, wann ich aufhören möchte. Solange es meine Gesundheit zulässt, werde ich noch eine Zeit lang fliegen. Vielleicht werde ich meine Dienste irgendwann reduzieren. Ich plane nicht unbedingt, bis ans Alterslimit zu gehen, aber ich kann mir jetzt auch überhaupt noch nicht vorstellen, gar nicht mehr mit einem Düsenjet abzuheben oder all meine spannenden Aufgaben bei Lufthansa aufzugeben, denn selbst wenn ich als Kapitänin auf den Airbus-Modellen *A330*, *A340* sowie *A350* nicht mehr fliegen könnte, hätte ich immer noch genug zu tun: Ich bin ja nicht nur Ausbildungskapitänin und *advanced human factors*-Trainerin für andere Kapitäne und Ausbildungskapitäne. Ich leite das pädagogische Grundseminar für Ausbildungskapitäne sowie das evidenzbasierte Training und den *command course* für Copiloten oder zukünftige Kapitäne. Ich bin außerdem Beauftragte des Lufthansa-Cockpitpersonals im *peer support* des *critical incident stress management*. Ich gebe Schulungen und arbeite an Veröffentlichungen der Lufthansa mit. Und selbst wenn ich damit aufhöre, bin ich mir sicher, dass ich in kein Loch fallen werde. Denn ich habe viele Nebenjobs und Ehrenämter, sodass es mir sicher nicht langweilig werden wird. Neben meinen Lufthansa-Aufgaben bin ich noch als Trainerin der *Human Factors Academy* tätig. Ich halte als Rednerin Vorträge in der Wirtschaft und bei medizinischen Veranstaltungen. Außerdem engagiere ich mich im Kreis »Frauen in die deutschen Aufsichtsräte« und als Elternbeiratsvorsitzende in der Schule meiner Tochter.

Ich werde so oft gefragt, wie ich das alles schaffe. Ich glaube, ich bin einfach mit so viel Energie geboren worden. Genauso wie das Fliegen liegt mir das wohl im Blut.

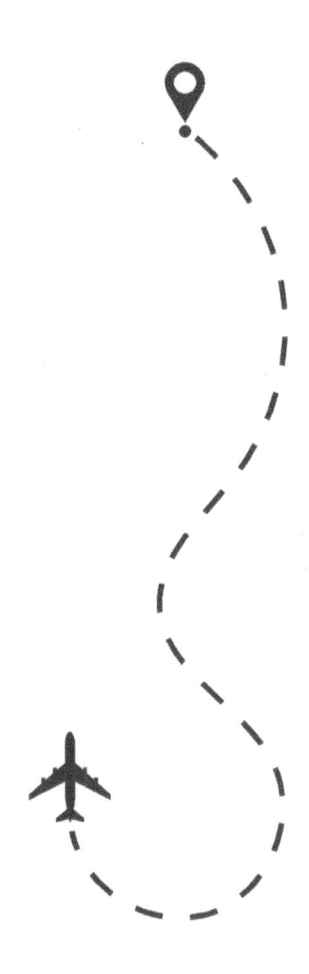

13

Am Boden

»Heute möchte ich mit euch besprechen, was genau eine Krise ist beziehungsweise, wie wir eine Krise am besten bewältigen.« Anfang Februar 2020 leitete ich gerade einen Workshop für angehende Kapitäne mit der Führungsriege des Crewtrainings der japanischen All Nippon Airways. Mehrere Stunden lang erarbeiteten wir gemeinsam Strategien für ein erfolgreiches Krisenmanagement. Die japanischen Kollegen zeigten großes Interesse daran, wie wir bei der Lufthansa mit schwierigen Situationen umgehen. Womöglich könnten sie Teile unserer Verfahren des *crew resource management* in ihrem eigenen Unternehmen implementieren, hofften sie. Ich wunderte mich etwas, dass meine Co-Moderatorin Mund- und Nasenmasken in Japan kaufen und mit nach Deutschland nehmen wollte. Ich selbst hatte zu dem Zeitpunkt noch überhaupt nicht daran gedacht. Aber ich machte mir auch keine weiteren Gedanken, denn Masken sind in Asien schon lange keine Seltenheit mehr. Asiaten tragen bereits seit Jahren bei Schnupfen oder wegen der Umweltverschmutzung einen Mundschutz. Auch aus Respekt, um andere zu schützen. Doch auf dem Rückflug nach Deutschland wurde es mir doch etwas mulmiger zumute, denn alle Flugbegleiter trugen ausnahmslos Atemmasken. »Wie seltsam das aussieht«, dachte ich mir noch. Ich konnte zu dem Zeitpunkt noch nicht ahnen, wie »normal« und »selbstverständlich« der Anblick von Masken in naher Zukunft für uns alle sein würde.

Wieder in Deutschland, fuhr ich zu einem 30-jährigen Treffen meines Pilotenlehrgangs. Anwesend waren auch unsere jungen angehenden Piloten-Auszubildenden, die ich überschwänglich begrüßte: »Wir leben in einer super Zeit für Piloten. Wenn heutzutage etwas gesucht wird, dann … Piloten! Bei euch geht es jetzt auch bald los – ihr könnt euch auf eine wunderbare Zeit freuen!« Leuchtende Augen überall. Doch: Leider kam alles schlagartig anders. Schon während ich zu den Anwärtern sprach, breitete sich der Covid-19-Erreger auf der ganzen Welt in grausamer Windeseile aus. Und nur wenige Tage später gab es in Frankreich den ersten Corona-Todesfall in Europa. Schnell wurde mir klar: »Das Letzte, was jetzt gesucht und gebraucht wird, sind Piloten.«

Zuerst dachte ich allerdings, man würde eben Sicherheitsvorkehrungen gegen Corona für die Flüge treffen, und wir würden unsere Flugpläne, so gut es geht, fast wie gewohnt einhalten. Doch immer mehr Flüge wurden gleich im Februar gestrichen – denn immer weniger Menschen wollten nun noch reisen und eine Ansteckung riskieren. Die Eskalation nahm ihren Lauf: Reisebeschränkungen, Lockdown –

Reisen und Flüge wurden nicht nur zusammengestrichen, sondern ganz verboten. Und Länder wie die USA ließen sowieso niemanden mehr ins Land. Stillstand. Damit hatte natürlich niemand gerechnet, auch unser Lufthansa-Krisenstab nicht. Ich fühlte mich schrecklich: Ich hatte den neuen Piloten-Kollegen so viel Mut gemacht, und nun saßen sie mehr oder weniger von einem Tag auf den anderen ohne Perspektive, ohne fliegen zu können, auf dem Trockenen.

Als die Bundesregierung beschloss, die im Ausland gestrandeten Deutschen – Touristen sowie Geschäftsleute – nach Hause zu holen, war ich eine der Pilot(inn)en, die die sogenannten *repatriation flights* durchführten. Ich flog also unter anderem nach Punta Cana. In der Dominikanischen Republik schien zu dem Zeitpunkt kaum jemand die Notwendigkeit für das Tragen einer Maske zu sehen. Auch die deutschen Touristen schienen in ihrer Karibiklaune die Ernsthaftigkeit der Lage nicht richtig einschätzen zu können. Einige von ihnen jammerten und beschwerten sich, dass sie ihr Urlaubsparadies verlassen sollten. »Wir haben so lange auf diesen Urlaub gespart, uns so sehr darauf gefreut. Und jetzt?!« Ich konnte sie natürlich verstehen. Aber in einem Hotelressort zu stranden und nicht zu wissen, wann man wegkam, war keine Alternative. Manch einer war auch froh, so schnell wie möglich nach Hause zu kommen. Doch das ging erst nach einem zweitägigen Quarantäne-Aufenthalt für die Crew – da wir von außen kamen, wurden wir als Risiko eingestuft. Leider wurden wir nicht in einem schönen Hotel am Strand untergebracht, sondern in einem Hotel am Flughafen fast schon weggesperrt. Doch das brachte uns nicht aus dem Konzept, schließlich gehört es zu unserem Job, auf alles vorbereitet zu sein. Als wir in der Hotellobby eintrafen, wurden gerade alle Möbel weggeräumt, ein bedrückendes Gefühl der Leere breitete sich um uns herum aus. Wir sollten auf keinen Fall etwas anfassen können und durften unsere Zimmer bis zum Rückflug nicht verlassen – ein Quarantäne-Vorgeschmack aus dem Off. »Krise, was ist das?« Nun erlebten wir sie am eigenen Leib: »Ein vollkommen unerwartetes Ereignis, mit dem man nicht gerechnet hat, das einen überwältigt und mit dem man fertigwerden muss. Und das sich womöglich noch zuspitzt.« Da war sie also, die perfekte Definition, nach der mich meine japanischen Kollegen gefragt hatten.

Während des Heimflugs kam bei den Passagieren dann doch noch Frust auf: Sie realisierten, dass ihr Urlaub nun wirklich ein jähes Ende genommen hatte, und erwarteten wenigstens den gewohnten Service an Bord. Nur konnten wir den natürlich nicht bieten, da es sich ja um außerplanmäßige Flüge mit einer Mindestbesatzung handelte. Die Regierung hatte auf die Schnelle Notpakete mit Essen und Trinken organisiert und für alle Gäste mitgeschickt. Das war manchen aber nicht gut genug. Für die Kollegen in der Kabine war es keine einfache Aufgabe, den Unmut, der ihnen entgegengebracht wurde, abzufedern. Sie konnten ja auch beim besten Willen nichts für diese Umstände. Und für uns Piloten kamen zu den üblichen Herausforderungen des Fliegens noch andere Probleme hinzu: Wir durften bestimmte Lufträume nicht mehr passieren und konnten so nicht auf direktem Weg nach Deutschland fliegen. Die »WATRS Area«, ein großes Gebiet über dem Atlantik, das unter US-Hoheit steht, war beispielsweise tabu. Dessen Tower war dichtgemacht worden, weil es einen Krankheitsfall und kein Team B gab. Die Flugsicherung wies deshalb in dieser Zeit große Lücken auf. Wir mussten also andere Routen ausarbeiten sowie mit mehr Sprit kalkulieren und tanken.

Ein anderer *repatriation flight* führte mich nach Windhoek, der Hauptstadt Namibias im südlichen Teil Afrikas. Dort wurde die Crew am Flughafen von einem Fahrer abgeholt, der uns zu einem Safari-Ressort brachte. Jeder von uns erhielt seine eigene Minilodge, wo wir uns bis zum Rückflug aufhalten mussten, der Kontakt zu den Kollegen war untersagt. Die einzige Kontaktperson war der Fahrer, der uns unser Essen vor die Tür stellte. Ich hatte dort keinen Handyempfang. In der Lodge gab es kein Telefon, ich hätte also auch die Rezeption nicht erreichen können, wenn ich einen Notfall gehabt hätte. Wir alle waren 24 Stunden komplett auf uns selbst gestellt. Am Tag des Abflugs hörte ich schon von Weitem den Kleinbus, wie er durch die Savanne bretterte. Mein Herz pochte: »Hoffentlich hat er keinen meiner Kollegen vergessen, und hoffentlich hat keiner von ihnen verschlafen!« Wir und unsere Fluggäste waren die letzten Besucher des Ressorts. Nach uns wurde es auf unbestimmte Zeit geschlossen.

Nach und nach wurde jeder Lebensbereich in einen Ausnahmezustand versetzt. Wie viele andere Branchen auch blieb die Lufthansa nicht von der Kurzarbeit verschont. Die Angestellten wurden in das Team Arbeit und das Team Kurzarbeit unterteilt. Keiner von uns wusste, wie lange es dauern, welche Ausmaße es noch annehmen würde. Die Verunsicherung kroch uns allen in die Knochen. Ich selbst hatte nur einen Monat lang Kurzarbeit. Doch man konnte sich ja nie sicher sein. Abgesehen von den *repatriation flights* und den Trainings im Simulator, die ich weiterhin durchführte, engagierte ich mich zudem mit meiner Idee, eine 24/7-Hotline einzurichten. Mir war sofort klar: »In der Krise müssen wir uns um unsere Kollegen kümmern und sie auffangen, wenn sie Hilfe und Beistand brauchen.« Gemeinsam mit anderen Kollegen organisierten wir ehrenamtlich eine telefonische Anlaufstelle. Anfangs stellte ich meine eigene dienstliche Telefonnummer für die Anrufe zur Verfügung, bis eine offizielle Schaltung eingerichtet war. In jeweils Zwölf-Stunden-Schichten waren wir ab sofort abwechselnd erreichbar. »Ich halte es kaum aus – erst ständig unterwegs, und plötzlich sitze ich hier allein in meinen vier Wänden.« – »Mir fehlt es so sehr, abzuheben. Es ist wie ein Kribbeln im ganzen Körper. Ich glaube, ich habe Adrenalin-Entzugserscheinungen ...« – »Meine Frau ist genervt, meine Kinder langweilen sich, das Homeschooling überfordert uns alle. Was soll ich nur tun?« – »Ich mache mir solche Sorgen: Wir haben doch gerade erst das Haus gekauft. Wie soll ich jemals den Kredit abbezahlen, wenn ich meinen Job verliere?« – »Meinen Vater hat es erwischt – er liegt mit Corona im Krankenhaus. Und ich darf ihn nicht besuchen. Ich werde fast wahnsinnig. Was, wenn er stirbt?« – »Ich fühle mich eingesperrt. Ich bin ganz allein!« Alle Sorgen, alle Ängste, alle unguten Gefühle, die mir meine Kollegen telefonisch über die Notfallhotline anvertrauten, kannte ich selbst auch. Ich hörte ihnen zu und versuchte ihnen Mut zu machen. Aber in mir selbst sah es nicht viel anders aus. Auch mich fraß die Unsicherheit an. Auch ich kannte die durchgebrannten Nerven, die Ungeduld, die Verlustangst.

Viele meiner Kollegen, die ich – natürlich mit Mund-Nasen-Schutz – im Simulator traf, hatten auch Angst um den Verfall ihrer Fliegerlizenz. »Wir müssen ja unsere Flugstunden sammeln, damit die Lizenz erneuert werden kann. Was, wenn wir aber gar nicht mehr fliegen können/dürfen?« Es wurden auch nur wenige Piloten im Simulator weiter geschult, vor allem Kapitäne und Ausbilder. Diejenigen Piloten, die gerade für den neuen *Airbus A380* ausgebildet worden waren, konnten nicht einen einzigen realen Flug mit ihm machen, weil er eingemottet wurde. Das Flugzeug, für das sie sich so lange vorbereitet hatten, gab es einfach nicht mehr, wurde nicht mehr gebraucht. Die Kabinencrew ist nicht auf einen Flugzeugtyp festgelegt, aber wir Piloten fliegen ja normalerweise in unserer jeweiligen Typennische.

Unser medizinischer Dienst arbeitete eng mit der Regierung zusammen. Ich vertraute darauf, dass alle Beteiligten nur Gutes wollten, und dass es sinnvoll ist, was eingefordert wird. Nicht alle meine Kollegen waren derselben Meinung. Genau so wie in der Gesellschaft, spalteten sich Gruppen auf: die Befürworter der staatlichen Maßnahmen und die Gegner. Ich selbst habe mich ohne Widerstand den Vorgaben gefügt. Die Atmosphäre in unserem Arbeitsumfeld änderte sich dadurch mit der Zeit merklich. Es gab keine Impfpflicht für Angestellte im Luftfahrtbetrieb. Manche Kollegen ließen sich impfen, andere nicht. Die Nichtgeimpften erfuhren nicht selten Diskriminierung oder Mobbing durch einzelne Kollegen. Die Anspannung, die nun überall in der Gesellschaft herrschte, schwappte auch auf uns über. Wenn ich allerdings von solchen Fällen etwas mitbekam, plädierte ich im Briefing sofort für Toleranz für Andersdenkende. Jeder erlebte die Zeit anders. Und jeder hat das Recht auf seine Meinung. Anfeindungen haben keinen Platz in unserem Team.

Auch ich bekam die Verunsicherung von meinen Kollegen zu spüren: »Ach, du bist geimpft? Dann musst du dich ja nicht testen lassen. Das ist natürlich ganz schön riskant.« Auch mich erwischte Corona trotz Impfung einmal. Gott sei Dank ohne schwere Symptome. Nicht nur unterschiedliche Meinungen bezüglich des Impfens und Testens machten uns das Arbeitsleben schwer. Den Zusammenhalt, die Teamarbeit aufrechtzuerhalten war nicht einfach, wenn man sich weder die Hände schütteln noch das vollständige Gesicht sehen konnte. Aber damit waren wir natürlich nicht allein. Alle mussten sich nun auf die Augenmimik beschränken. Die gewohnte Nähe zu den Kollegen ging in eine Distanz über.

Als die Masken in Deutschland knapp wurden, bekam Lufthansa von der Regierung den Auftrag, Masken aus China zu holen, die dort bestellt worden waren. Da es zu der Zeit ja keine Fluggäste gab, boten sich die leeren Passagierflugzeuge dazu an. Ich hatte mich für diese Mission freiwillig gemeldet. Einerseits konnte ich so etwas Gutes tun, andererseits hatte ich als eine der wenigen Piloten die Möglichkeit zu fliegen. Viele meiner Kollegen wollten nicht fliegen, um sich nicht anzustecken. Da es in China zu dieser Zeit ein Einreiseverbot gab, stiegen wir in Peking gar nicht aus dem Flugzeug aus, sondern luden die Masken tagsüber nur in aller Schnelle ein. Wir waren auf dem Hinflug in Südkorea gelandet, um uns dort auszuruhen, und das auch nicht im üblichen Crewhotel in der Innenstadt von Seoul, sondern direkt am Flughafen. Dort herrschte eine gespenstische Atmosphäre, das Bild einer Endzeitstimmung. Sonst einer der geschäftigsten Flughäfen der Welt mit Hunderten von Flügen täglich, war er nun fast menschenleer. Es starteten und landeten insgesamt nur drei Flüge an einem Tag, während wir vor Ort waren. Wir sahen kaum Menschen, nur sich bewegende Roboter. Bizarr war auch zu beobachten, wie vereinzelt Schlepperfahrer die geparkten Flugzeuge auf dem Gelände des Flughafens hin und her bewegten, offensichtlich um die Fahrwerke nicht einrosten zu lassen.

Der Flug von Peking nach Seoul am frühen Morgen war etwas ganz Besonderes: Da, wo sonst eine dicke graue Schicht aus Wolken hängt, war nun strahlend blauer Himmel. Keine Kondensstreifen, freie Sicht sogar auf die Erde. Zum ersten Mal konnte ich den Landstrich unter mir mit seiner Bebauung und seiner Vegetation sehen. Ich konnte erkennen, wie dicht er besiedelt war. »Das muss an der fehlenden Umweltverschmutzung liegen«, sagte ich zu meinem Copiloten. Natürlich! Die Industrie war stillgelegt, der Verkehr ruhte, es flogen so gut wie keine Flugzeuge. Die Luft war so rein wie schon lange nicht mehr. Der Unterschied war faszinierend und erschreckend zugleich.

Neben diesen wenigen Flügen verbrachte natürlich auch ich die meiste Zeit während der Lockdowns zu Hause. Mein Mann musste als Polizist in seinem systemrelevanten Job weiterarbeiten. Man könnte auch sagen: Er durfte weiterarbeiten. Aber unsere beiden Töchter wurden nun monatelang von zu Hause aus per Bildschirm unterrichtet. Das nannte man »digitales Internat«. Dass wir nun so lange Zeit aufeinandersaßen, war für uns ziemlich gewöhnungsbedürftig. Da mein Mann und ich auf unseren Schichtdiensten normalerweise häufig unterwegs sind und die Kinder in ihrem Internat lebten, kannten wir sonst nur kurze Phasen des Familienlebens. »Was gibt es heute zu essen?«, war eine der häufigsten Fragen, als wir das Haus nur zum Einkaufen und Gassigehen mit unserem Hund verlassen durften. Das ging mir ganz schön auf die Nerven, denn Hotel Mama gab es schon lange nicht mehr. Seit Jahren waren meine Kinder ja nur ab und zu am Wochenende und in den Ferien zu Hause. Und außerdem waren sie zwischenzeitlich alt genug, sich selbst etwas zu essen zu machen. Ich wollte den Satz einfach nicht mehr hören. Aber in einen Gasthof zu gehen war nicht erlaubt, also blieb nur das Kochen. Zusammen!

Aber im Großen und Ganzen haben wir die gemeinsame Zeit gut hingekriegt. Wir haben viel über die politischen und gesellschaftlichen Entwicklungen diskutiert und es uns so schön wie möglich gemacht. Letztendlich war es dann sogar eine familiäre Bereicherung. Die Extremsituation hat uns noch enger zusammengeschweißt. Mir wurde in der Zeit auch bewusst, wie privilegiert wir doch sind: Wir haben ein Dach über dem Kopf, ein großes Haus, viel Platz, wo jeder seinen Raum haben kann. Wir sind alle gesund und munter. Die Kinder gehen ihren Weg und lernen gut. Ich war sehr dankbar für all das. Mehr noch als sonst.

Womit ich nur sehr schlecht umgehen konnte, war allerdings der Freiheitsentzug. Das war einfach irre für mich. Ich war immer ein besonders freiheitsliebender Mensch gewesen, dem die Selbstständigkeit und Autonomie viel bedeuteten. Da saß ich nun plötzlich und musste auf die Erlaubnis einer Behörde, eines Staates warten, um das Haus verlassen zu dürfen. Diese offensichtlich notwendigen Repressalien waren für mich nur sehr schwer zu ertragen. Sie verwirrten und irritierten mich zutiefst. Mein ganzes System lief sonst in einem anderen Modus. Und am schlimmsten war es, nicht absehen zu können, wann dieser Zustand enden würde. So blieb auch mir für meine beruflichen Besprechungen sowie für die meisten privaten Kontakte vor allem das Internet mit seinen diversen digitalen Kommunikationsmöglichkeiten wie »Zoom«, »Webex« oder »Teams«, was ich alles vorher gar nicht kannte.

Natürlich trieben mich neben der Sorge um die Gesundheit meiner Familie und von mir auch die Ängste um, wie es wohl mit dem Flugverkehr weitergehen würde. Werden das die Luftfahrtgesellschaften überleben? Damit einher ging die Sorge, wie es finanziell weitergehen würde. Das Internat war teuer, das Haus … Ich beruhigte mich und erinnerte mich daran, dass ich ja auch noch Nebenjobs hatte, mit denen ich mich im schlimmsten Fall über Wasser halten könnte. Immerhin erhielt ich auch für meine Vorträge Honorare.

Diese Ängste kannte ich ja auch von den Gesprächen mit meinen Kollegen aus dem Simulator. Ich spürte, dass ich etwas tun musste, damit wir alle besser durch diese schwierige Zeit mit all den Existenzängsten kamen. Auch beschäftigte mich, wie wir miteinander als Team umgingen.

Ich überlegte, was ich tun konnte, und kam auf die Idee eines Podcasts. Gemeinsam mit dem Leiter der psychosozialen Beratungsstelle der Lufthansa, Daniel Wend, organisierte ich das Format »Reden macht stärker«. In unregelmäßigen Abständen erschien nun jeweils eine neue Folge, in der wir Themen wie »Wie gehe ich mit Unsicherheit um?«, »Wie fokussiere ich mich im Job?« oder »Was kann ich tun, wenn ich mich ohnmächtig fühle?« aufgriffen. Die Beiträge sollten unsere Kollegen dabei unterstützen, ihren veränderten Arbeitsalltag besser zu bewältigen. Unser Ziel war es auch, mit dem Podcast der zunehmenden Polarisierung entgegenzuwirken, das Gemeinsame zu stärken, die Teams wieder näher zueinander zu bringen.

Als die Welt im Januar 2022 so langsam in die Normalität zurückgekehrt und Corona in Schach war, atmeten wir Piloten immer noch nicht auf. Es war nicht klar, ob es nach diesem extremen Einschnitt nicht doch noch zu Entlassungen kommen würde, ob alle Flugzeuge endlich wieder fliegen durften. Noch immer waren manche Piloten zu diesem

Zeitpunkt noch nicht einmal mit dem Flugzeug geflogen, für das sie geschult wurden. Nichts war sicher. Auch mich hätte eine Kündigung treffen können. Aber ich blieb wie immer optimistisch. Zu Recht?

Wir hatten noch nicht einmal die alte Sicherheit wiedergewonnen, da ging die Katastrophe der Epidemie nahtlos in ein Kriegsnarrativ über. Im Februar 2022 nahm der Ukraine-Krieg seinen Lauf. Und schon wieder war nichts mehr wie zuvor. Von jetzt auf gleich herrschte Krieg in Europa, was auf den Flugverkehr sofort eine kolossale Auswirkung hatte. Welchen Luftraum dürfen wir noch überfliegen? Und wie seltsam, Länder zu überfliegen, die sonst tabu waren und die jetzt viel Geld mit den Flugrechten für die Korridore machten. Plötzlich dauerten Flüge zwei Stunden länger: Von Frankfurt nach Tokio waren es nun nicht mehr zwölf, sondern 14 Stunden, weil wir eine ganz andere Route nehmen mussten. Rote Sperrgebiete wurden uns nun auf dem Screen angezeigt. Wieder flog die Angst mit: Würde eine Rakete fünf Kilometer neben der Grenze haltmachen oder uns im schlimmsten Fall doch treffen? Normalerweise kennt man seine Routen gut, nun mussten wir uns jeweils neu orientieren, was die längeren Flüge noch herausfordernder machte. Die gesamte mentale Vorbereitung ist schwieriger geworden, weil sie noch umfassender geworden ist und noch flexibler sein muss. Und die Kerosinpreise schossen in die Höhe, die wirtschaftlich sowieso schon angeschlagene Flugbranche erlebte gleich die nächste Belastung. Wohin würde das führen? Was bedeutete der Krieg für mein

Unternehmen und für meinen Job? Das hat mich von Anfang an stark beschäftigt. Da war es auch wieder: Das Bewusstsein, dass ich als Angestellte der deutschen Luftfahrtgesellschaft eine Nationalität vertrete und dass politische Entscheidungen Einfluss auf meine Arbeit haben ... All das wurde mir wieder besonders bewusst. Hinzu kommt, als Kapitänin meinen Fluggästen entsprechende Informationen zu kommunizieren: »Unsere Route führt heute anders als gewohnt, deshalb müssen wir mit einer längeren Flugdauer rechnen ...« Wie gut, dass ich so krisengeschult bin und auch eine Veranlagung dazu habe, einen kühlen Kopf bewahren zu können, selbst wenn es hoch hergeht! Stets lösungsorientiert, stets konzentriert bleiben. **Ein Schritt nach dem nächsten. So bewältigt man eine Krise am besten.**

14

Einmal Falkland und zurück

»Spinnst du? Noch mehr Quarantäne? Warum tust du dir
das an?« Manche meiner Kollegen hatten überhaupt kein
Verständnis dafür, dass ich mich mitten in der Corona-
Hoch-Zeit darum bemüht hatte, einen Flug nach Falkland
zu übernehmen, um eine Crew des Forschungsschiffs *Polarstern* hinzubringen und die alte Besatzung des Schiffs sowie
Forscher der Neumayer-Station wieder abzuholen und nach
Deutschland zu fliegen. Die *Polarstern* ist ein Eisbrecher,
der im Auftrag des Alfred-Wegener-Instituts für Polar- und
Meeresforschung (AWI) der Erforschung der Polarmeere
dient und sowohl die Neumayer-Station in der Antarktis sowie die Koldewey-Station in der Arktis versorgt. Deren Crews werden regelmäßig ausgetauscht, und von Zeit
zu Zeit muss auch das Schiff selbst zur Wartung und zum
Transport von Material zurück ins Dock nach Deutschland
gefahren werden.

Ich war fasziniert von der Aussicht darauf, den längsten
Flug zu machen, den je eine Lufthansa-Maschine unter-

nommen hatte. Wir rechneten mit knapp 16 Stunden Flugzeit von Hamburg zur Royal Air Force Station Mount Pleasant. Und nicht nur das: Ich würde in ein Gebiet fliegen, in das man normalerweise nicht so ohne Weiteres kommt. Die Falkland-Inseln gehören zu Großbritannien, liegen aber im Südatlantik, östlich der untersten Spitze von Südamerika und etwas weniger als 400 Kilometer vor der Küste von Argentinien. Außerdem fand ich die Mission dieses Sonderflugs spannend: Ich würde eine Gruppe der renommiertesten Antarktis-Forscher transportieren – was für eine Ehre! Alles in mir fieberte auf diesen Auftrag hin, obgleich er ziemlich riskant war. Denn es gab sehr strikte Vorgaben. Im Mai 2021 hatte Corona die Welt noch fest im Griff. Das AWI musste mit höchster Vorsicht agieren: Unter keinen Umständen durfte das Covid-19-Virus auf die NeumayerStation gelangen. Normalerweise reisen die Besatzungen der Station und des Schiffes über einen Zwischenstopp in Kapstadt zurück in die Heimat oder nach Falkland und werden dort von einem Boot zur Forschungsstation beziehungsweise zur *Polarstern* gebracht. Aber nun konnte man diesen Stopp nicht riskieren. Man wollte auch die Quarantäne in Südafrika umgehen. Es musste ein Nonstop-Flug unter den striktesten Sicherheitsvorkehrungen sein.

Ich war gerade bei einem Seminar gewesen, als ich fast nur nebenbei von zwei geplanten Flügen nach Falkland hörte. »Hast du es schon mitbekommen? Die Lufthansa darf die *Polarstern*-Crew fliegen! Wäre das nicht was für dich?« Eine befreundete Kabinenchefin hatte mir die Neuigkeit gesteckt. Sie fand, dass ich dafür wohl die richtige Ka pitänin wäre. Mein Puls stieg sofort spürbar an, als sie mir davon erzählte, und ich fuhr alle Antennen aus. »Ja! Ja! Das möchte ich unbedingt machen!« Keine Minute war vergangen, da stand meine Entscheidung schon fest. Ich erinnerte mich daran, dass einer meiner Onkel, ein Physiker, früher auf der *Polarstern* forschen durfte. Von ihm kannte ich die spannendsten Geschichten. Doch wie viel Chancen hätte ich wohl, so eine prestigereiche Mission zu fliegen? Ich war nur eine Pilotin unter etwa 5000 anderen, die sich dafür bewarben. Ich war keine Managerin, keine Flottenchefin. Das Einzige, was mich aus der Masse heraushob, war, dass ich Kapitänin und Ausbilderin war. Aber ob das reichen würde? So viele andere Kollegen hatten doch eine höhere Seniorität, mehr Erfahrung, bessere Verbindungen. Dennoch rief ich sofort meinen Flottenchef an, damit er wusste, dass ich interessiert bin. Einige Zeit blieb es still.

Mein Mann und ich waren mit dem Hund im Wald spazieren und in Gedanken ganz woanders, als ich von dem Projektleiter einen Anruf bekam: »Du wolltest doch einen der Falkland-Flüge übernehmen. Nun, du könntest den zweiten machen, falls das zeitlich für dich passt.« Den ersten Flug hatte ein altgedienter Pilot übernommen. Ich drückte die Hand meines Mannes und strahlte. Er nickte mir zustimmend zu. Nie ist er mir bei meinen Projekten im Weg gewesen. Wie immer unterstützte er mich auch dieses Mal. »Sehr gern! Aber nur als erste Kapitänin, keinesfalls als zweite Kapitänin oder Copilotin, und unter der Bedingung, dass ich das Cockpitteam selbst zusammenstellen darf«, antwortete ich meinem Projektleiter etwas trocken. Das war riskant.

Ich setzte in diesem Moment alles auf eine Karte. Der Projektleiter hätte ablehnen können, es gab sicher noch andere Anwärter für den Auftrag. Aber er stimmte zu. Wahrscheinlich, weil er verstand, warum ich so darauf bestand. Für eine solch heikle Aufgabe – das wusste ich – brauchte ich ein Team, das gut zu mir passt und gut miteinander harmoniert. Denn wir würden nicht nur einen äußerst herausfordernden Flug zusammen bewältigen. Wir würden auch – und das war noch ausschlaggebender – vor dem Flug zwei Wochen in Quarantäne mehr oder weniger gemeinsam verbringen müssen. Mir war klar, dass unter solchen Extrembedingungen Konflikte schneller eskalieren können, und das durfte einfach nicht passieren. Wenn ich den Auftrag übernehme, dann sollte alles unter meiner Regie laufen. Ich wollte das Team formen und führen, sodass wir alle unsere Arbeit auf höchstem Niveau und in Harmonie machen und mit einem guten Gefühl wieder nach Hause gehen können.

Die Kabinencrew war schon aufgestellt worden. Sie bestand aus der Kabinenchefin, die ich gut kannte und der ich vertraute (»Das wird gut gehen«, dachte ich mir, als ich von ihr hörte), einem Langstreckenpurser, zwei Kurzstreckenpursern und sieben Flugbegleitern. Zudem sollten ein Lademeister sowie ein Techniker an Bord sein.

Für das Cockpitteam brauchte ich noch drei Piloten: einen weiteren Ausbildungskapitän, einen *senior first officer* sowie einen *first officer*. Ich sammelte die Eigenschaften, die die Auserwählten haben müssten: Sie müssten empathisch, motiviert, gewissenhaft, fachlich einwandfrei, engagiert, inspirierend und positiv denkend sein. Derjenige, den ich mir gut für den Posten des zweiten Kommandanten vorstellen konnte, sagte höflich und ehrlich ab:»Wenn ich so einen Flug mache, dann nur als erster Kapitän. Sei mir bitte nicht böse!« Wie hätte ich ihm böse sein können?! Ich dachte doch genauso wie er. Auch ich, als Alphatier, wollte einfach die Richtung vorgeben, *mein* Team formen. Ich konnte seine Entscheidung deshalb sofort akzeptieren. Als Nächstes dachte ich für die Rolle als Copilotin an eine Kollegin, mit der ich vor einigen Monaten geflogen war und mit der ich mich sehr gut verstanden hatte. Genauso wie ich es getan hatte, sagte sie im Handumdrehen zu. »Willst du nicht mal deinen Mann fragen, ob das okay für ihn ist? Schließlich wirst du zweieinhalb Wochen im Frühling komplett verschwinden«, gab ich noch zu bedenken … Selbst auf unseren längsten Schichten sind wir nie so lange unterwegs. Wir alle würden für diese Zeit erst allein und dann als Gruppe in einer Blase abgeschottet sein. Das mussten die Familien natürlich mittragen. »Nein«, antwortete sie. »Ich bin definitiv mit dabei.« Einen zweiten Copiloten zu finden, war gar nicht so einfach. Diejenigen, die ich fragte, hatten allesamt junge Kinder und wollten nicht so lange von ihnen getrennt sein. Als zweiten Kapitän fand ich einen Ausbilderkollegen.

Ich hatte etwa sechs Wochen Zeit für die Vorbereitung. Zwei Wochen vor Ostern sollte es losgehen. Auftrag: etwa 50 Passagiere – Crewmitglieder, Ärzte, Forscher – nach Falkland zu fliegen. Die neue Crew sollte die alte Crew ablösen, damit die *Polarstern* zurück nach Deutschland fahren konnte.

Für den Rückflug erwarteten wir einige mehr: Es würden 127 Passagiere an Bord sein, zusätzlich zu den Crewmitgliedern der *Polarstern* auch jede Menge Wissenschaftler des Deutschen Zentrums für Luft- und Raumfahrt, die auf der Neumayer-Station arbeiteten. Damit ich ja nichts vergaß, legte ich mir Liste um Liste an mit allen Punkten, an die ich für eine gelungene Mission denken musste. In einem ersten Schritt rief ich per Zoom das Führungsteam zusammen, um das Programm für die gemeinsame Zeit zu besprechen, und um zu verstehen, wer auf welche Weise eingebunden sein wollte.

Die erste Woche würden wir in Einzelquarantäne in einem Hotel in Bremerhaven verbringen. Die zweite Woche würden wir uns zwar sehen dürfen, müssten uns aber weiterhin im Hotel aufhalten ohne Kontakt zur Außenwelt. Erst wenn dann alle negative Corona-Tests vorwiesen, konnte es losgehen.

Damit wir uns in dieser Zeit elektronisch treffen, sehen, miteinander sprechen konnten, und weil nicht alle von uns technisch versiert waren, gab es im Vorfeld schon Einführungen in die verschiedenen Wege der Onlinekommunikation. Ein Techniker kontrollierte extra noch einmal alle Vorrichtungen für das WLAN und die Notebooks vor Ort. Sollte irgendetwas mit den Routern nicht klappen, konnte man ja nicht einfach beim Nachbarn vorbeischauen.

Noch zu Hause ließ ich von einem befreundeten Chocolatier feine Pralinés sowie Aufkleber, Münzen und Pinstecker mit unserem Falkland-Team-Schriftzug für uns alle als kleines Geschenk herstellen. Ich wollte damit von Anfang an eine Art *corporate identity* anregen. Das machte mir alles sehr viel Spaß.

Als der Tag X kam und wir gesammelt von München nach Hamburg flogen, merkte man uns die Aufregung, aber auch die Vorfreude an. An einem solchen Projekt hatte noch keiner von uns teilgenommen, wir fanden es alle superspannend. In Bremerhaven stießen noch drei Wissenschaftler der Deutschen Luft- und Raumfahrtgesellschaft aus Köln zu uns, die während der Flüge Messungen der Höhenstrahlen vornehmen sollten.

Doch erst als wir nach dem Transfer nach Bremerhaven im Hotel eincheckten und getrennt auf unsere Zimmer geschickt wurden, wurde uns bewusst, dass es jetzt ernst werden würde, dass wir ab jetzt eine Woche lang niemanden persönlich treffen und diese Zeit vollkommen isoliert in unserem Zimmerlein verbringen würden. Das Essen würde uns auf einem Tablett vor die Tür gestellt werden. Die Räume waren recht klein und karg eingerichtet: Bett, Stuhl, Tisch, Bad. Aber ich hatte mit einem Blick Richtung Hafen Glück. Direkt vor meinem Fenster lag ein antikes Schiff, die *Gera* – ein schöner Anblick: einmal im Nebel, einmal im Regen und ein anderes Mal wieder in der Sonne. Am schönsten war es nachts, wenn es immer wieder in unterschiedlichen Farben angeleuchtet wurde.

Für jeden Morgen um 9.30 Uhr hatte ich einen Team-Call eingerichtet, bei dem wir uns virtuell sehen und das weitere Vorgehen besprechen konnten. Als Einstieg ins Gespräch hatte ich mir überlegt, dass jeder von uns jeden Tag auf eine andere von mir gestellte Frage des Vortags antworten solle: »Was hast du gedacht, als du das erste Mal in dein Zimmer gekommen bist?«, »Was für Interessen hast du?«, »Was sind deine Lieblingsreiseziele?«, »Wie bist du zu deinem Beruf gekommen?« und so weiter. Das kam bei meinen Kollegen so gut an, dass sie sogar zu ihren Antworten etwas Passendes malten oder bastelten. Dieser persönliche Austausch brachte uns schon innerhalb kürzester Zeit als Gruppe näher. Ich merkte auch schnell, dass wir alle – trotz der Unterschiede – das gleiche Ziel vor Augen hatten. Die Unterschiede machten es eigentlich erst so richtig interessant. Ich beobachtete, wie wir auch ganz verschieden aufeinander zugingen, uns in unterschiedlicher Geschwindigkeit den anderen öffneten und Details des persönlichen Lebens preisgaben. Besonders spannend war zu erfahren, warum sich die einzelnen Mitglieder überhaupt für diese Aufgabe gemeldet hatten. Die einen waren begeistert, einen Sonderflug mitmachen zu dürfen, andere faszinierte – wie mich auch – die Nähe zur Forschung.

Unsere Verbundenheit wuchs von Tag zu Tag. Wir kannten das schon von unseren Umläufen, also den Flügen hin und zurück zu einer Destination, dass ein Team, das aufeinander angewiesen ist, schnell zusammenwächst. Eine Freundin zeigte sich einmal erstaunt, als ich ihr von der Vertrautheit der Crew an Bord eines Flugzeugs und bei den Zwischenstopps erzählte: »Wow, ganz ehrlich: Ich würde mich mit meinem Chef nicht so einfach gemeinsam an einen Pool legen und quatschen.« Die Menschen, die im Flugbetrieb arbeiten, sind häufig eher extrovertiert, kommunikativ und *easy-going.* Aber diese spezielle Situation, in der wir uns befanden, ließ uns noch mehr als sonst zusammenfinden.

Andererseits braucht es für eine solche lange Zeit ganz allein in einem kleinen Raum auch Animation: Um den Spirit aufrechtzuerhalten, hatte das Führungsteam für die Zeit unserer Quarantäne ein ganzes Unterhaltungs- und Mitmachprogramm organisiert. Dabei betonten wir immer wieder: »Jeder kann, keiner muss!« Während der Soloquarantäne wurden Vorträge, Sportlektionen und Filme in unsere Zimmer gestreamt. Später während der Gruppenquarantäne konnten wir uns das Programm auch gemeinsam ansehen und an einzelnen Lektionen kollektiv teilnehmen.

So bat ich unter anderem meinen befreundeten Biathlon-Trainer und Sportler Uwe Müssiggang, einen Vortrag zu halten: »Wie motiviert man sich, wie bleibt man in Schwung, und wie fokussiert man sich auf das Ziel?« Ein anderes Mal sprach ein Cybercop über »Gefahren und Kriminalität in Netz«. Gehackt zu werden war ein aktuelles Thema auch für uns als Crew, die eine Mission mit Wissenschaftlern vor sich hatte, die teilweise streng vertrauliche Forschungsergebnisse mit sich führten. Es war sicher sehr gut, dass wir dafür sensibilisiert wurden, was wir im Internet preisgeben können und was besser nicht. Egal, ob es sich dabei um private Inhalte handelt oder das, was wir auf unseren Flügen erleben.

Befreundete »Ninja Warrior«, darunter Sarah Kopp, und die Personal Trainerin Carina Bungard gaben uns per Videostream Sport- und Meditationsstunden.

Auch im Unterhaltungsprogramm, das ich organisiert hatte, gab es hochkarätige Darbietungen, bei denen meine

Crew aus dem Staunen gar nicht mehr herauskam und die unseren Aufenthalt regelrecht als Luxus erschienen ließen: Der Bestsellerautor von »Schlafes Bruder«, Robert Schneider, hielt eine Onlinelesung extra für uns. Die kanadische Sopranistin Barbara Hannigan sang für uns, und der Star-Oboist und Berliner Philharmoniker Albrecht Mayer gab ein kleines Onlinekonzert. Es war herrlich, wie sich meine Freunde für uns einsetzten! Ich war ihnen unendlich dankbar. Ich hatte aber auch den Eindruck, dass sie alle es genossen, Teil dieser besonderen Community auf dem Weg in die Antarktis zu sein.

Nach zwei Tagen in Quarantäne feierte die Schwiegermutter einer unserer Kolleginnen ihren 80. Geburtstag. Da kam die Kollegin auf die Idee, wir könnten ihr alle gemeinsam per Zoom ein Ständchen singen. Was für eine Gaudi! Man glaubt gar nicht, wie viele Jubiläen und Geburtstage es in einer Woche zu feiern gab: ab jetzt immer mit Quarantäne-Ständchen.

Es konnte der Crew eigentlich gar nicht langweilig werden. Dennoch achtete ich, gemeinsam mit meinem Führungsteam, darauf, dass wir niemanden aus den Augen verloren. »War jemand bei unserem morgendlichen Meeting besonders zurückhaltend und still gewesen? Könnte das ein Zeichen dafür sein, dass es ihm nicht gut geht? Sollte uns irgendetwas Besorgniserregendes auffallen, lasst es uns sofort ansprechen!«

Nach sieben Tagen war die Einzelquarantäne vorüber. Was waren wir froh! Wir hatten ausgemacht, dass wir alle vormittags zur selben Zeit unsere Zimmertüren öffnen und gemeinsam einen Schritt in den Gang machen würden. Ich stand schon minutenlang vorher hinter meiner Tür, die Hand auf der Klinke. Ich konnte es kaum erwarten. Noch zwei Minuten – ich musste mich beherrschen, die Klinke nicht schon jetzt zu drücken. Elf Uhr. Endlich war es so weit: ein Schritt nach draußen, ein Blick nach rechts und nach links, ein lautes Freudengejohle! Wir fielen uns alle in die Arme und freuten uns wie Kinder an Weihnachten. Einer von uns hatte seine Gitarre dabei, spielte drauflos, und alle fingen in dem engen Gang an zu tanzen. Es dauerte Minuten, bis wir uns beruhigen konnten und es endlich wagten, nach unten in den Speisesaal zu schlendern: Unser erstes gemeinsames Frühstück wartete auf uns. Und was noch schöner war: der erste »Freigang«! Hinter dem Hotel war ein kleiner Bereich für uns abgesperrt, in dem wir frische Luft schnappen konnten. Ach, was für ein Gefühl, den Himmel wieder über sich zu sehen und den Wind in den Haaren zu spüren! Jetzt konnten wir auch Sport gemeinsam machen und sogar bei einer Salsa-Session mittanzen, die online mit einer Lehrerin aus Berlin stattfand.

Damit sich unser Teamgeist weiter stärken konnte, behielten wir die morgendlichen Treffen auch in der zweiten Woche bei. Ab jetzt allerdings persönlich, alle gemeinsam in einem Raum. Es tat so gut, die Gesichter zu sehen, wenn wir zusammensaßen. Ich hatte meinen Co-Kommandanten und unsere Kabinenkollegin, von der ich wusste, dass sie auch sehr musisch veranlagt ist, gebeten, diese Zusammenkünfte einzuleiten. Wir staunten nicht schlecht, als die beiden ihre gesungenen Gedichte vortrugen – thematisch immer aktuell auf das Tagesthema abgestimmt. Nicht nur einmal standen mir die Tränen in den Augen, während ich ihnen zuhörte. Ich war tief ergriffen – sowohl von der Kunst der beiden als auch davon, wie viel Mühe sie sich gemacht hatten, wie liebevoll sie ihre Vorträge gestalteten. Immer wieder flochten sie auch Lob für mich in ihre Strophen ein. Dieser Ausdruck der Anerkennung machte mich sehr stolz.

Es kamen im Laufe der Tage aber auch andere Crewmitglieder mit ihren eigenen Beiträgen zum Zug: Unsere Kabinenchefin zum Beispiel hielt einen Vortrag über die *Make a wish*-Foundation, die schwerstkranken Patienten Wünsche erfüllt. Eine unserer Kabinenkolleginnen erzählte uns im Gespräch mit mir als Moderatorin über ihr früheres Leben als Balletttänzerin. So gestalteten sich auch die restlichen Tage unserer Quarantäne bunt und interessant. Auch unsere zukünftigen Fluggäste trugen nun zu den Informationsveranstaltungen bei, zeigten Videos und berichteten von ihrem Alltag auf der *Polarstern* und auf der Neumayer-Station.

Man könnte meinen, dass ich nun noch nebenbei stundenlang Zeit gehabt hätte, zu lesen oder Filme anzuschauen und mich zu entspannen. Weit gefehlt! So seltsam das klingt: Ich habe das Buch, das ich dabeihatte, nicht einmal angerührt. Ich hatte einfach nicht eine freie Minute. So sehr war ich mit dem Management der Quarantäne für uns sowie mit der Vorbereitung des Fluges beschäftigt. Von innerer Einkehr keine Spur. Ich habe meine Rolle als Kapitänin dieser Mission sehr ernst genommen. Sie fühlte sich nach viel mehr an, als »nur« Fluggäste nach Falkland zu bringen und von dort abzuholen. Für mich handelte es sich um eine weitaus umfassendere Aufgabe. Nachdem die erste Woche vorbei und die größte Herausforderung gemeistert war, hatte ich das Gefühl, etwas loslassen zu können, was die Fürsorge für mein Team anging. Jetzt konnten sich alle wieder mischen, eigene Kontakte pflegen, sich freier bewegen. Das entlastete mich enorm.

Je näher der Flug rückte, desto intensiver mussten das Führungsteam und ich nun auch alle operationellen Themen anpacken und planen: »Wie wird das Wetter sein? Wie lange wird die Flugzeit sein? Wie werden die Winde sein? Was müssen wir am Zielflughafen beachten? Sind bei unserer Ankunft irgendwelche Manöver rund um den Flugplatz in Falkland geplant, die wir beachten müssen? (Es handelt sich dort nicht um einen Passagier-, sondern um einen Militärflughafen, wo es kein Abfertigungsgebäude und auch kein Passagierterminal gibt.) Wie lautet der Flugplan? Wie viel Gewicht wird das Flugzeug haben? Wie viel Sprit müssen wir tanken? Welche Sicherheitsvorkehrungen müssen vor Ort noch getroffen werden? Welche *lessons learned* können wir aus der Erfahrung des ersten Fluges beachten?« Es gab sehr viele Aspekte zu bedenken und zu berechnen, wegen der besonderen Umstände mehr als üblich. Das bedurfte auch vieler Besprechungen mit der Flugcrew, schließlich sollte auch weiterhin alles wie am Schnürchen laufen.

Auch kannte ich unsere Fluggäste, die *Polarstern*-Crew und die drei DLR-Wissenschaftler, noch gar nicht wirklich. Um mit jedem, der mit uns an Bord sein würde, einmal in Kontakt zu treten, hatte ich eine lange Liste mit allen Na-

men und Telefonnummern erstellt und schon in der ersten
Woche einen nach dem anderen per Hoteltelefon angerufen.
Doch bei einem Telefonat mit ihnen sollte es nicht bleiben.
Ich wollte sie näher kennenlernen und mich ihnen auch persönlich vorstellen. Diese Gespräche habe ich sehr genossen.
Vor allem der Kontakt zu dem Kapitän der *Polarstern* war
für mich interessant. Ich wollte verstehen, wie er sein Team
leitet, welche Parallelen und welche Unterschiede es zwischen dem Steuern eines Schiffes und eines Flugzeugs gibt.
An einem unserer Gespräche ließen wir alle später auch als
Zuhörer teilhaben. Auch mit unseren Passagieren wollte ich
für die Zeit unseres gemeinsamen Lebens in der Blase, unserer inneren Welt, eine gute Atmosphäre herstellen. Ein Leiter der Neumayer-Station, der Arzt der *Polarstern*, Eberhard
Kohlberg, war ebenfalls mit von der Partie. Ich stellte fest,
dass die *Polarstern*-Crew bei Weitem entspannter war als
wir. Sie kannten das Prozedere ja schon, die Crews wechseln
sich bereits seit Jahren regelmäßig ab. Und auch die Quarantäne war ihnen vertraut. Für sie herrschte sogar eine Art
Normalität. Kurz vor Abflug wurde auch unser Team ruhi-
ger. Alle brauchten wieder etwas mehr Rückzug, das merkte
man. Man spürte auch, dass alle nun anfingen, sich auf das
zu fokussieren, was vor ihnen lag. Sie ruhten sich aus und
schöpften Kraft.

Am letzten Abend vor unserem Aufbruch blickte ich noch
einmal auf die vergangenen zwei Wochen zurück: Was für
eine reiche Zeit mit wunderbaren Menschen lag hinter mir!
Ich schätzte mich sehr glücklich, dass ich diese Erfahrung

machen durfte. Doch nun kam ja erst der eigentliche *act*. Der Gedanke daran versetzte mich in helle Vorfreude. Ich spürte, wie es anfing, mir in den Fingern zu kribbeln. Ein historisches Ereignis lag vor mir: Das könnte der längste Flug werden, den je eine Lufthansa-Crew gemacht hat – und den ich je geflogen bin und vielleicht je fliegen werde.

Abends um halb sechs holten uns Busse ab und brachten uns in eineinhalb Stunden an den Flughafen in Hamburg. Wir mussten Masken und Handschuhe tragen und sollten, wenn möglich, nichts berühren. Die Maschine, ein *Airbus A350*, war bereits in München mit allem beladen worden, was mit auf die Neumayer-Station sollte – unter der Fernregie per Video unserer Kabinenkollegen. Nachdem sie gereinigt und desinfiziert war, stand sie für uns zum Weiterflug bereit. Wir tankten 90 Tonnen Sprit. Das müsste reichen. Da wir für so ein großes Flugzeug aber trotz der Menge an Treibstoff nur wenig Ladung und wenige Passagiere hatten, mussten alle so auf den Sitzen in der Kabine verteilt werden, dass die Balance stimmte. Wir klotzten ran und rollten pünktlich um 21.40 Uhr auf die Startbahn. Der Nachthimmel war klar, es herrschten frühlingshafte Temperaturen. Zum Start saßen alle vier Piloten im Cockpit, später wechselten wir uns mit den Ruhephasen ab und konnten uns in den dafür vorgesehenen Pilotenbetten phasenweise hinlegen und sogar schlafen. Wir hatten die berechnete Flugzeit durch vier geteilt, sodass jeder von uns je zweimal Pause machen konnte. Zwei Piloten saßen immer vorn. Als meine Copilotin den Start durchführte, herrschte im Cockpit eine euphorische Aufbruchstimmung: Endlich, endlich ging es los! Ich glaube, ich habe noch nie einen solch schönen Abflug erlebt. Noch nie zu so vielen Menschen dabei eine derartige Vertrautheit empfunden. Bei normalen Flügen kennt man in der Regel ja nur die eigene Crew und vielleicht ein oder zwei Mitreisende. Dieses Mal gehörten wir alle zueinander. Wir hatten den Flug offensichtlich gut kalkuliert. Allerdings hatten wir einigen Gegenwind und mussten etwas schneller fliegen, denn wir hatten am Zielort nur einen *time slot* von etwa einer Stunde. Davor und danach brauchte das britische Militär das Gelände wieder für seine Übungen. Lange Zeit vor unserem Slot hätte es aber keine Möglichkeit gegeben, auf einen anderen Flughafen auszuweichen. Wir mussten uns also sputen und schafften es: Wir kamen rechtzeitig in Falkland an. Mit 15 Stunden und 46 Minuten war dies bis dato wirklich der längste Lufthansa-Flug. Yeah!

Nachdem die Crew der *Polarstern* ausgestiegen und abgeholt worden war, blieben wir noch für einige Zeit an Bord. Noch immer durfte niemand von außerhalb in unsere Quarantäne-Bubble. Deshalb mussten wir nach unserem üblichen Debriefing die Kabine zwei Stunden lang selbst reinigen, desinfizieren, die Kissen wechseln, staubsaugen, die Catering-Container ausladen und den Abfall entsorgen. Niemand war sich dafür zu schade, alle arbeiteten Hand in Hand. Außerdem wollten auch wir nun endlich von Bord gehen und frische Luft atmen, wir gaben also gemeinschaftlich Gas.

Ein spezieller Bus brachte uns und die drei Wissenschaftler, die wieder mit uns zurückflogen, in ein Hotel, wo wir uns – wieder in einem für uns extra eingerichteten Quarantänetrakt – 48 Stunden lang ausruhen konnten. Wir durften dort das Restaurant nicht betreten, um nicht in Kontakt mit anderen potenziellen Corona-Infizierten zu kommen. Das Essen wurde zu uns in den Flur gebracht, wo wir es gemeinsam auf dem Boden zu uns nahmen. Wir waren zwar erschöpft, aber bester Laune, weil alles so gut geklappt hatte. Und: Wir durften auf einen abgesperrten Teil der Wiese hinter dem Hotel sogar hinausgehen. Es war angenehm frisch. Manche von uns nutzten das kleine Areal zum Joggen im Kreis oder für Yogaübungen. Angesichts der nun als relativ kurz empfundenen zwei Tage brauchten wir dort auch kein spezielles Programm, um uns bei Laune zu halten. Die Zeit ging im Vergleich zu Bremerhaven superschnell vorbei.

Da nun der Arzt und Leiter der Neumayer-Station nicht mehr da war, weil er vor Ort blieb, wusste ich, dass für den Rückflug und dessen Abwicklung noch mehr Verantwortung auf meinen Schultern lag. Auch war die Gruppe der Passagiere, die alte Crew der *Polarstern* und die Wissenschaftler, die wir nach Deutschland bringen sollten, viel größer. Mit dabei würde auch der *Polarstern*-Kapitän Stefan Schwarze sein, der auf dem Rückflug einen runden Geburtstag feierte. Also organisierten wir heimlich eine Torte für ihn, die wir ihm bei einem Ständchen übergaben. Wieder mal ein kleines Highlight, worauf ich mich freute. Die Atmosphäre an Bord war auf dem Heimflug sehr entspannt. Da es sich um keinen üblichen Flug handelte, konnte ich nun meine Durchsagen sogar direkt in der Kabine machen, sodass mich die Passagiere dabei sehen konnten. Auch der

Kontakt zu unseren neuen Gästen war sofort herzlich. Immer wieder kamen vereinzelt die *Polarstern*-Mitarbeiter oder Wissenschaftler zu uns nach vorn ins Cockpit und zeigten sich interessiert daran, wie wir arbeiten. Umgekehrt war es genauso: In meinen Flugpausen hatte ich die Möglichkeit, viele interessante Gespräche über das Forschungsprojekt und auch die Antarktis mit ihnen zu führen. Manche von ihnen waren sechs Monate dort gewesen und wussten gar nicht, wie die Verhältnisse in Deutschland momentan waren, welche Corona-Beschränkungen herrschten. Sie kamen wie aus einer anderen Welt zurück. Die meisten schienen froh zu sein, wieder nach Hause zu kommen und ihre Forschungsergebnisse dort weiter auswerten zu können.

Der Rückflug war wegen des Rückenwinds mit 14,5 Stunden etwas kürzer als der Hinflug und fühlte sich durch die guten Gespräche an wie ein Kurzstreckenflug. Er war auf jeden Fall nicht zu herausfordernd, wahrscheinlich auch, weil wir nun schon Erfahrung mit der Strecke hatten. Während wir in der Luft bereits nach etwa sieben Stunden den Äquator überquerten, kam die *Polarstern*, betrieben von der Crew, die wir nach Falkland geflogen hatten, erst nach 13 Tagen dort an. Als es für sie so weit war, sandten sie uns ein Foto der gesamten Crew an Deck zusammen mit einer Lufthansa-Flagge. Sie hatten uns schon kurz nach unserem Abflug ihre Koordinaten geschickt, sodass wir die *Polarstern* aus der Luft und aus der Ferne unten im Meer lokalisieren konnten. Sie waren bereits vor uns losgefahren und brauchten insgesamt 27 Tage bis nach Bremerhaven.

Als das Ende der Mission nahte, wurden wir alle etwas sentimental. »Oje, jetzt müssen wir auseinandergehen ...« Die zweieinhalb Wochen dieses wunderbaren Abenteuers hatten uns alle so sehr zusammengeschweißt – wie sich zeigen sollte, auf Lebenszeit. Als wir von unserem Rückflug in München ankamen und unsere Sachen zusammenpackten, traute ich meinen Augen nicht. Plötzlich standen meine Kollegen im Halbkreis um mich herum. Jeder hielt einen großen Buchstaben in die Höhe: »G R O S S A R T I G« – das Wort, das ich während der Mission wohl am häufigsten verwendet hatte. Sie überreichten mir Blumen und dankten mir für meinen Einsatz. Da konnte ich nicht mehr: Lachend und weinend zugleich umarmte ich reihum einen nach dem anderen. Es war einer der schönsten Momente in meinem Leben, als die Last der Verantwortung von mir abfiel und mir gleichzeitig so viel liebevolle Wertschätzung entgegengebracht wurde. Unvergesslich!

Auf der Rückfahrt nach Hause ließ ich die Zeit, die hinter mir lag, noch einmal Revue passieren. Ich hatte meine Aufgabe einfach geliebt! Es war so ähnlich gewesen wie mit meinem Wunsch, Astronautin zu werden: Es ging mir nicht an erster Stelle darum, im Weltraum zu sein, sondern während des Trainings dafür Teil eines größeren Ganzen zu werden. In allem gilt für mich: **»Der Weg ist das Ziel.«** Mich faszinierte die Arbeitsweise der Antarktisforscher, jahrelang in ihrem Mikrokosmos an einem einzigen Versuch zu arbeiten. Gleichzeitig begeisterte mich die Unendlichkeit des Alls, eines undenkbaren Makrokosmos. Beides hängt sehr eng zusammen. Ich hatte früher ja auch mit der Wissenschaft geliebäugelt, aber letztlich wäre es nicht das Richtige für mich gewesen. Die Falkland-Flüge waren fliegerisch sicherlich eine Herausforderung. Aber mir gefiel nicht nur das, sondern auch die Vielfältigkeit des Drumherums, auf so vielen Ebenen und so umfassend gefordert zu sein. Das ist genau meins!

Ein paar Monate nach der Mission rief mich der leitende Arzt der Neumayer-Station an, den ich bei unserem Flug kennengelernt hatte: »Wollen wir uns alle noch mal treffen? Ich habe da eine Idee ...« Als die *Polarstern* das nächste Mal in Bremerhaven vor Anker lag, durften wir unter seiner Führung an Bord gehen. Endlich konnten wir das Schiff, um das sich während unserer Mission fast alles gedreht hatte, von Nahem sehen! Die *Polarstern* war viel filigraner, als ich sie mir vorgestellt hatte, ein bisschen wie ein Kreuzfahrtschiff in Miniaturform, nur mit fixierten Ladekränen, einem Hubschrauberlandeplatz und einem extrem spitzen Bug zum Eisbrechen.

Wir alle waren von der Innenansicht begeistert: Alles war bis auf das kleinste Detail durchdacht und optimal aufteilt. So wurde unsere *reunion* nicht nur zu einem herzlichen Wiedersehen, sondern auch zu einem weiteren Wow-Moment für uns alle.

Die Antarktis geht mir seither nicht mehr aus dem Kopf. Bis zum nächsten Mal: *landing on ice*!

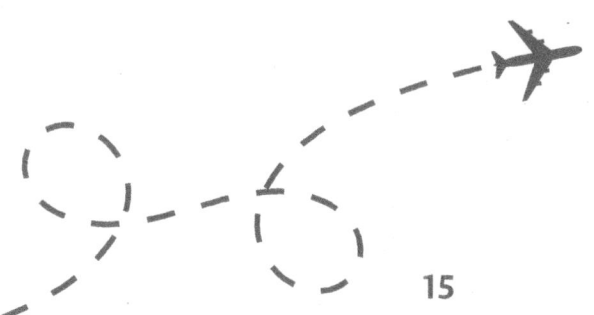

15

Fliegen ist wie Operieren

»Stellen Sie sich einmal vor: Sie befinden sich bei mir an Bord. Ich fliege Sie heute von Frankfurt nach Barcelona. Sie wollen dort an einem wichtigen Kongress teilnehmen. Was wünschen Sie sich von uns als Fluggesellschaft und von uns als Crew? Was erwarten Sie?« Keine schwierige Frage, aber unter den anwesenden Ärzten herrscht erst einmal nachdenkliche Stille. Doch dann geht es mit den Handmeldungen plötzlich Schlag auf Schlag: »Pünktlichkeit«, »Sauberkeit«, »Sicherheit«, »Freundlichkeit«, »gutes Essen« (alle lachen), »offene Kommunikation«, »Zugewandtheit«, »Transparenz«. Viel Kopfnicken.

»So, und jetzt stellen Sie sich einmal etwas ganz anderes vor: Sie haben einen schmerzvollen Bandscheibenvorfall und müssen operiert werden. Was wünschen Sie sich von dem Krankenhaus, das Sie behandelt? Was erwarten Sie von den Ärzten und dem Pflegeteam?« Die Stille im Raum fällt jetzt viel länger aus, sie ist fast betreten. Natürlich merken alle, worauf ich hinauswill. Eine Ärztin traut es sich auszusprechen: »Genau dasselbe wie bei dem Flug.«

So oder so ähnlich beginne ich jede unserer *learning from friends*-Schulungen der Lufthansa-*Human Factors Academy*. Was können wir als Piloten über das Fliegen hinaus noch in der Welt bewegen? Wir können unser Wissen mit Freunden teilen, mit Menschen, die in Arbeitsfeldern tätig sind, die unserem eigenen gar nicht so unähnlich sind, auch wenn man das auf den ersten Blick meinen würde. Vielleicht gibt es ja doch mehr Parallelen, mehr Schnittmengen? Vielleicht lassen sich unsere Kompetenzen ergänzen? Vielleicht können wir damit unseren Beruf noch besser ausüben und Gutes bewirken?

Ich gehe mit den Vermutungen sogar noch weiter: **Ich bin fest davon überzeugt, dass wir Menschenleben retten können, wenn wir voneinander lernen.**

Im medizinischen Sektor wird viel Wert auf technisches Know-how gelegt. Die Geschäftsleitungen der Krankenhäuser versuchen auch die internen Verfahren zu optimieren. Doch die zwischenmenschliche Komponente des Krankenhausalltags lässt noch sehr zu wünschen übrig. Das zumindest habe ich an der eigenen Haut erfahren müssen, als ich immer wieder wegen diverser Sportverletzungen nach Handballturnieren unter das Messer musste. Und das höre ich auch immer wieder von meinen Medizinerfreunden.

Früher war das auch in der deutschen Luftfahrt nicht anders. Da ging es weniger um den Menschen als vielmehr um die Technik und die Abläufe. Doch seit die Lufthansa das *human factors management* fördert, hat sich der Wind gedreht. Der menschliche Aspekt spielt nun eine genauso große Rolle wie alles andere. Man hat endlich gemerkt und anerkannt, wie wichtig das Menschliche in jeder Hinsicht ist, allen voran bei der Sicherheit. Denn Fehler macht ein Mensch, selten eine Maschine. Um solche Fehler möglichst zu vermeiden, sind mittlerweile entsprechende Schulungen in der Luftfahrt sogar gesetzlich verankert. In der Medizin, bei der es genauso – und allem voran – um Menschenleben geht, allerdings noch nicht …

Auch wenn sich heute immer mehr Kliniken und Ärzte auch ohne staatlichen Druck den zwischenmenschlichen Fähigkeiten zuwenden und Interesse an unseren Schulungen bekunden, so muss ich doch immer wieder vielen Chefärzten und Klinikleitungen erst einmal erklären, warum sie Geld in solche Schulungen stecken sollten, obwohl man nicht sofort danach einen unmittelbaren oder gar berechenbaren Effekt sieht. »Sie wissen ja, wie das ist … Unser Budget ist sowieso am Limit …«, höre ich ständig die Einwände. Dass das Wirtschaftliche nicht der einzig bestimmende Faktor eines Betriebs sein kann, muss auch angesichts drohender Krankenhausschließungen in die Köpfe gelangen. Und es sickert langsam durch.

Immer häufiger werde ich seit geraumer Zeit zu Ärztekongressen und Symposien eingeladen, um dort als *key note speaker* einen Vortrag zum Thema *human factor* zu halten. Die AO Foundation in Davos war einer der ersten internationalen Auftraggeber, die fest an die Verbreitung unserer Inhalte glaubte. Bei den Symposien dieser Stiftung darf ich weltweit regelmäßig Workshops mit je 200 Ärzten und mehr halten. Der Kreis erweitert sich stetig und damit das

Bewusstsein für die zwischenmenschliche Komponente im medizinischen Alltag.

In unserem Schulungszentrum in Seeheim bei Frankfurt halte ich zudem jeweils gemeinsam mit einem Arzt zweitägige Seminare ab, die von Kliniken oder Praxen gebucht werden. Dort gehen wir mit dem Thema noch mehr in die Tiefe. Anfangs wurden wir vor allem durch die die Deutsche Gesellschaft für Orthopädie und Unfallchirurgie (DGOU) für deren Verbandsmitglieder gebucht, doch mittlerweile kommen die Teilnehmer auch aus anderen medizinischen Fachrichtungen, wie zum Beispiel der Urologie oder der Notaufnahme. Unsere Zertifikate werden nun schon einige Jahre auch als Fortbildungspunkte in der Verordnung für die Ärzte-Approbation anerkannt. Früher kannte man dafür einzig die technischen und prozeduralen Kenntnisse an, heute auch die zwischenmenschlichen.

Auftraggeber wie die Berufsgenossenschaftlichen Kliniken (BG) investieren flächendeckend für alle ihre Mitgliedshäuser bei uns in Kurse – und nicht nur für die Ärzte. Auch das Pflegepersonal wird zu uns geschickt und erhält ein *human-factors*-Training. Wir haben Kurse zwischenzeitlich sogar mit einem speziellen Format auf die Bedürfnisse dieser gemischten Gruppen zugeschnitten, in Anlehnung an unsere eigenen hausinternen Lufthansa-Schulungen. Nur mit hochgekrempelten Hemdsärmeln mit Hämmerchen, Scheren, Schrauben und Skalpellen an Modellen zu experimentieren und neue Techniken auszuprobieren, ist heute nicht mehr genug für Ärzte. Was wir in unseren Schulungen vermitteln, ist eine Sicherheitskultur, die auf psychologisch gut aufgestellten Teams basiert. Das bedeutet, wir bringen den Ärzten bei, wie sie ihre Teamarbeit verbessern können, eine gute Kommunikation fördern, dass es bei Nachbesprechungen – ähnlich wie bei uns im Debriefing nach einem Flug – Sinn macht, auch die menschlichen Aspekte unter die Lupe zu nehmen und Checklisten dabei zu verwenden. Gerade in Operationssälen herrscht häufig eine hohe Fluktuation. Nicht immer operiert ein Team zum Beispiel einen Patienten von Anfang bis Ende: Die Anästhesieärzte und die OP-Schwestern wechseln. Und wenn der Chirurg hinter das Tuch ruft, mit dem der Anästhesist von ihm abgetrennt ist, weiß der nicht einmal, wer genau auf der anderen Seite steht. Und doch steht da ein Mensch mit Namen, Gefühlen und Bedürfnissen. Genauso wie das restliche OP-Personal. Auch die Schwestern und Pfleger wechseln unter Umständen während einer einzigen Operation – was für eine Herausforderung, hier ein gut funktionierendes Team zu bilden! Und noch immer werden Ärzte in Krankenhäusern von dem Pflegepersonal und auch den Patienten hofiert, oder sie lassen sie sich hofieren. Kein Wunder, sie werden als selbstzentrierte Elite erzogen.

Keiner traut sich, ihnen zu widersprechen. In unseren Gruppenübungen allerdings üben wir bei Rollenspielen den Mut, Tacheles zu reden, und auch den Mut, vom hohen Ross herabzusteigen, ohne dass einem dabei ein Zacken aus der Krone fällt. Die Chef- und Oberärzte müssen lernen, ihr Team als individuelle Menschen zu sehen, nicht nur als untergebene Handlanger. Wir üben flachere soziale Hierarchien ein. Ein Chefarzt, der Feedback zulässt, ja dies sogar explizit wünscht, wird ein sichereres Team um sich haben. Denn seine Mitarbeiter werden sich wohler, anerkannter und kompetenter fühlen und deshalb auch besser und effektiver arbeiten. Nervosität und Bammel vor dem eigenen Versagen nehmen ab. Angst vor Autoritäten, vor den »Göttern in Weiß«, ist keine gute Voraussetzung für eine (selbst-) sichere Arbeitsweise. Empathie und offene Kommunikation müssen nach und nach an die Stelle von Strenge und Überheblichkeit treten.

Das Klinikum rechts der Isar in München hat dieses neue Konzept vor wenigen Jahren mit uns *in house* umgesetzt. Als eine Art Leuchtturm für unsere Arbeit hat es einen eigenen Zertifikatslehrgang eingeführt, der dreimal drei Tage lang dauert und regelmäßig Ärzten, Pflegepersonal sowie Verwaltungsangestellten angeboten wird. »Aber wir können in diesen Zeiten doch nicht auf unser Personal verzichten! Wir brauchen doch jetzt jeden!« – Man hätte sicher einen Grund dagegen finden können. Doch in dieser Klinik weht ein anderer Wind. Und Bertil Bouillon, der Direktor der Klinik für Unfallchirurgie, Orthopädie und Sporttraumatologie in Köln, lässt sich sogar duzen. Sein Credo lautet: »Lasst uns die Arbeit gemeinsam machen! Wir sind doch ein Team!« Gemeinsam mit ihm leite ich seither regelmäßig die Schulungen, die einem ähnlichen Schema folgen wie die Trainings vor Ort in Seeheim: Als Erstes versuche ich den Teilnehmern zu vermitteln, welche Parallelen unsere Berufswelten haben, warum es vor allem die menschlichen Fehler sind, die zu Todesfällen führen. Danach zeige ich für gewöhnlich den Dokumentarfilm *Just a routine operation*. Er berichtet von dem tragischen Tod von Elaine Bromiley, die während einer Routineoperation der Nasennebenhöhle aufgrund von Fehlern bei der Anästhesie verstarb. Im Ablauf hatte es Schwierigkeiten gegeben. OP-Schwestern, die auf die Situation hingewiesen hatten, wurden ignoriert. Erfahrene Ärzte hatten Entscheidungen zu spät getroffen. Dieser Film macht die Teilnehmer normalerweise erst einmal sprachlos. Doch er regt zu einer Diskussion über gute Teamarbeit an und dass diese Leben retten kann. Und darum geht es vor allem bei den *human-factors*-Schulungen.

In einem zweiten Teil lade ich die Teilnehmer ein, Szenen nachzuspielen, anhand derer gute und schlechte Kommunikation demonstriert wird und die für Alltagssituationen im Klinikbetrieb sensibilisieren sollen, in denen ein höheres Niveau an Sicherheit erzielt werden kann. Zum Beispiel, dass derjenige, der gerade die Medikamente verteilt, absolute Ruhe und Konzentration braucht. Wir spielen auch durch, wie Morgenbesprechungen sowie Vor- und Nachbesprechungen von Operationen konstruktiver – und zur erhöhten Sicherheit der Patienten – verlaufen können.

Andere Themen während des Kurses sind *work load management*, Konfliktmanagement und der Umgang mit Aggressionen.

Auch ich komme aus jeder *human-factors*-Schulung, egal wo sie stattfindet, selbst bereichert heraus. Es macht mir großen Spaß, mit Menschen zusammenzuarbeiten, die so anders und doch wieder so ähnlich sind wie wir Piloten. Ein Arzt muss genauso wie ein Pilot auf Knopfdruck funktionieren. Beide arbeiten in einem *high-reliability environment*, von ihnen wird ein Höchstmaß an Zuverlässigkeit und Genauigkeit erwartet, weil nichts weniger als Menschenleben von ihnen abhängen. Ich bin jedes Mal davon beeindruckt, dass Ärzte und Pfleger offensichtlich mit noch mehr Stress fertigwerden müssen als Piloten, dass sie teilweise noch tougher und widerstandsfähiger sind als wir – und das auch sein müssen. Hut ab!

Besondere Aufmerksamkeit herrscht bei jedem *human-factors*-Training immer dann, wenn ich unsere *core tools* aus der Luftfahrt vorstelle, von denen wir überzeugt sind, dass sie auch in der Medizin von großem Nutzen sein können.

Für alles in der Luftfahrt gibt es Checklisten: vor dem Start, vor dem *take-off*, beim Rollen auf die Startbahn, nach dem *take-off*, für die Elektronik und so weiter. Selbst wenn meine Kurzstreckenkollegen fünfmal am Tag mit derselben Maschine fünfmal die gleiche Route fliegen, gehen sie fünfmal die immer gleichen Checklisten durch. Sie checken die Bodenrollkarte, die Anflugkarte und alle anderen Karten, obwohl sie die Strecke, die Daten, die Zahlen sicherlich auswendig und im Schlaf aufsagen könnten. Diese Checklisten sind unser Anker, unsere Hilfsleine, an der wir uns immer wieder entlanghangeln. Wir dürfen uns nie überschätzen, nie davon ausgehen, dass sowieso alles so wie immer ablaufen wird. Es gibt immer Unvorhergesehenes, und wenn es nur eine Kleinigkeit ist. In manchen Kliniken werden seit Neuestem auch Checklisten bei den Besprechungen genutzt. Oder vor den Operationen. Dabei nimmt sich das Team dafür Zeit, durchzugehen und abzuklären, wer für was zuständig ist, was genau operiert wird und welche Geräte eingesetzt werden. Das schafft allen eine gute Übersicht. Eine solche wiederholte Kontrolle lässt weniger Raum für Selbstüberschätzung und dafür, dass sich Dinge einschleifen.

Wenn wir Piloten ein Flugzeug starten, ist das Handy aus. Jedes Handy. Wir konzentrieren uns ausschließlich auf den Flug und unsere Aufgaben dabei. In Operationssälen ist wohl immer mindestens ein Handy an – für den Notfall? Auch dort sollten alle Handys aus sein, damit das Operationsteam wirklich nichts und niemand ablenken kann. Ein befreundeter Arzt erzählte mir, dass sein Telefon, das er immer bei sich tragen muss, in einer Schicht sage und schreibe 300-mal geklingelt habe. Er sei überhaupt nicht mehr zu seiner wirklichen Arbeit gekommen. Früher gab es Beeper, auf die die Ärzte reagierten konnten. Jetzt herrscht die Diktatur der sofortigen Antwort, egal, womit jemand gerade beschäftigt ist und egal, worum es sich handelt. Ärzte – und auch das Pflegepersonal – sollten die Möglichkeit haben, ihre Aufgaben nach Dringlichkeit zu ordnen, nicht nach dem Zeitpunkt des Eintreffens einer Nachricht. Wenn zu viele Störfaktoren auf jemanden einprasseln, kann er sich nicht auf die wahrhaft wichtigen Dinge konzentrieren.

In der Luftfahrt, allemal bei Lufthansa, wird der *team spirit* großgeschrieben. Wir schwören uns vor jedem Flug auf die Arbeit als Team ein. Deshalb achten wir auf den Umgang miteinander. Es braucht Zeit und Raum, dass sich Teams bilden. Wir haben immer wieder im Crewbus oder im Hotel bei einem Stopover Zeit füreinander. Aber wir haben sie auch in den obligatorischen Briefings. Auch die Bespre-chungen von Ärzten und Pflegepersonal sollten nicht nur auf die Patientenakten beschränkt sein, sondern zudem das Miteinander fördern. Auch Notfälle oder besondere Erfah-rungen sollten besser in einem Teamprozess durchleuchtet und dann abgeschlossen werden.

Und nicht zuletzt kann unser FORDEC-Entscheidungs-findungsmodell genauso auf medizinische Entscheidungen angewandt werden. Mein lieber Kursleiter-Kollege Ber-til Bouillon benutzt dieses Modell bereits unter anderem für seine Patienten. Er erklärt ihnen anhand der einzelnen Schritte (*facts, options, risks & benefits, decision, execution, check*), warum er was machen wird, wie er sie behandeln wird beziehungsweise warum eine bestimmte Operation so verlaufen ist. Auch wenn er sich rechtfertigen muss, warum er während einer Operation von einer früheren Entschei-dung abweichen musste, hilft ihm FORDEC.

Eine Kursteilnehmerin brachte es einmal auf den Punkt: »Operieren sollte so sein wie fliegen.«

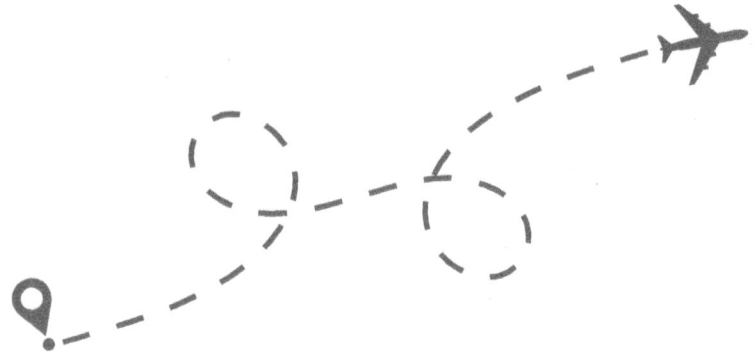

16

Von heute für morgen

Das Fliegen, insbesondere die Kurzstreckenflüge, ist immer wieder Thema der öffentlichen Diskussion. So wird gefragt, ob man sich heutzutage solche Flüge als umweltbewusster Mensch überhaupt noch »leisten« sollte. Und ist es nicht sowieso besser, erst gar nicht in die weite Welt zu fliegen und lieber im Harz oder im Schwarzwald Urlaub zu machen? Ich finde, es ist wichtig, dass wir uns solche Fragen stellen, dass wir das Umweltbewusstsein in jeder Hinsicht stärken. Gleichzeitig ist Fliegen kein Selbstzweck. Flugzeuge verbinden Menschen, Länder und Kulturen. Sie sorgen im wahrsten Sinne des Wortes dafür, Grenzen abzubauen und die Menschen einander näherzubringen. Mit Sicherheit wäre es umweltfreundlicher, wenn man von Frankfurt nach Shanghai mit dem Fahrrad fahren könnte oder wenigstens bis Stockholm. Aber das ist nun mal für die meisten von uns nicht möglich. Und auch wenn uns Corona gezeigt hat, dass viele Meetings nicht unbedingt vor Ort stattfinden müssen, sondern auch online möglich sind, braucht es doch oft den persönlichen Kontakt, um Projekte auszuarbeiten, Geschäfte abzuschließen oder Freunde und Verwandte zu besuchen. Wir leben nun mal in einer globalisierten Welt. Und Airlines sind Teil eines integrierten Verkehrssystems in Deutschland, Europa und der Welt.

Lufthansa bietet auf vielen Strecken schon seit Jahren Zugverbindungen als Alternative zum Zubringerflug an. Sie hat die offenen Fragen und auch die Kritik im Fokus, ist sich ihrer Verantwortung bewusst und hat ambitionierte Nachhaltigkeitsziele. Bis 2030 will das Unternehmen seine Nettoemissionen halbieren, bis 2050 eine neutrale CO_2-Bilanz erreichen. Dazu modernisiert die Airline vor allem ihre Flotte mit neuen, effizienteren Flugzeugen und will immer mehr nachhaltige Flugkraftstoffe einsetzen. In einer schwer zu dekarbonisierenden Branche wie der Luftfahrt wird daneben aber auf lange Sicht auch das Thema Kompensation eine wichtige Rolle spielen.

Doch zurück zu mir und den Hebeln, die ich und meine Pilotenkollegen sprichwörtlich in der Hand haben. Das fängt schon im Kleinen an: Viele meiner Kollegen nutzen mittlerweile private Whatsapp-Mitfahrgruppen. Obwohl wir alle ja unterschiedliche Dienstpläne haben, versuchen wir die Wege aus bestimmten Gegenden zu bündeln und gemeinsam zu unseren Abflugorten zu fahren. Auch fliegerisch haben wir Piloten heute viele Möglichkeiten, beim Flug Kerosin einzusparen. Das Bewusstsein dafür ist schon lange auch in unseren Köpfen angekommen. Zu den sogenannten *green operating procedures* der Lufthansa gehört, dass wir bei unseren Berechnungen und unserem fliegerischen Verhalten immer auf dem Schirm haben, wie viel CO_2 wir einsparen können. Ich überlege mir also zum Beispiel vor dem Landen, ob nicht alle Landeklappen ausgefahren werden müssen, um so CO_2-Emissionen einzusparen. Das hängt natürlich auch von der Länge der Landebahn und von dem Gewicht des Flugzeugs ab. Bei bestimmten Wetterverhältnissen braucht man auf jeden Fall alle Landeklappen. Denn die Sicherheit steht immer an erster Stelle. Da gibt es keine Kompromisse. Ich kann zudem CO_2 einsparen, wenn ich beim Rollen des Flugzeugs auf seinen Parkplatz nicht alle Triebwerke weiterlaufen lasse. Auch die Klimaanlage lässt man so lange wie möglich ausgeschaltet, solange die Passagiere noch nicht im Flugzeug sind. Ein weiterer Aspekt ist das Tankvolumen. Je weniger ein Flugzeug wiegt, umso weniger CO_2 verbraucht es in der Luft. Die Berechnung sollte also möglichst exakt sein. Aber auch hier kann ich wegen der Sicherheit keine Kompromisse machen. Ich darf den Sprit auf keinen Fall zu knapp berechnen. Es gibt noch einige weitere technische Möglichkeiten, den CO_2-Ausstoß zu verringern, zum Beispiel, wenn man bestimmte Vorrichtungen im Flugzeug nur wenige Minuten später an- oder früher ausschaltet oder die Flugroute nur um wenige Minuten verkürzt. Auch wenn man nur kleine Mengen CO_2 pro Flug einspart, summiert sich die Menge dann doch zu einem beträchtlichen Umfang. Auch der kleinste Beitrag zählt.

Diese wichtigen Umweltthemen gehen mir häufig durch den Kopf, da ich durch meinen Beruf direkt damit zu tun habe. Das gilt auch für andere globale Probleme. Denn ich sehe in anderen Teilen der Welt, welche noch größeren Herausforderungen die Menschen dort zu bewältigen haben. So wie ich mich vor jedem Flug auf meine Aufgabe als Pilotin vorbereite, muss ich mich auch auf die Verhältnisse im jeweiligen Zielland gedanklich einstellen. Nach all den Jahren bin ich immer wieder dankbar, dieses offene Tor in die Welt erleben zu dürfen. Aber dazu gehört auch, dass ich damit rechnen muss, dass ich menschliches Leid sehen werde und dass vieles anders sein wird, als ich es gewohnt bin. Doch selbst dann trifft mich der Anblick immer wieder von Neuem wie ein Schock, vor allem wenn ich sehe, wie Frauen und Mädchen in vielen Gegenden dieser Welt noch immer stark benachteiligt werden. **Ich bewege mich eben auf Reisen nicht nur als Pilotin, sondern auch als Mensch.**

Wenn ich von draußen, von der weiten Welt, wieder in meinen kleinen in vielerlei Hinsicht heilen Kosmos in Franken zurückkomme, bin ich jedes Mal noch dankbarer als zuvor, dass es uns hier so gut geht. Deshalb frage ich mich immer wieder: Was können wir tun, damit es auch anderen Menschen in der Welt besser geht? Was kann ich ganz persönlich tun? Wofür kann ich mich noch stärker einsetzen? Wann immer ich kann, packe ich zwei oder drei Koffer mehr für meine Reisen und bringe Spielzeug, Schuhe und Medikamente mit in die Hotspots dieser Welt oder unterstütze unsere interne Hilfsorganisation Help Alliance, auch wenn ich weiß: Es ist nicht mehr als ein Tropfen auf den heißen Stein. Mich beschäftigt häufig, wie es mit unserer Welt und mit unserer Umwelt, mit unserer Gesellschaft weitergehen wird. Ich frage mich gleichzeitig, wie sich die Luftfahrt entwickeln wird, welche neuen Technologien sie vielleicht schon in naher Zukunft revolutionieren wird. Und was davon ich wohl noch erleben werde.

Aber jetzt führt mich mein nächster Flug erst mal von Tokio nach Deutschland zurück. Der Weckruf ertönt um sieben Uhr morgens, es ist bereits taghell. Meine innere deutsche Uhr steht auf Mitternacht. Japan ist eines meiner Lieblingsziele, doch der Fünfzehn-Stunden-Flug, der uns einen steten Tag vorgaukelt, ist jedes Mal eine ordentliche Herausforderung für den Biorhythmus, und man fühlt sich leicht »lost in translation«, also irgendwo zwischen den Welten und Zeitzonen hängen geblieben. Die Sonne begleitet uns nördlich von Sibirien bis über die baltischen Staaten. Während wir so über die goldschimmernden Wolken hinwegfliegen, freue ich mich wieder einmal darüber, dass die ganze Welt mein Zuhause ist. Und wie unvergleichlich schön ist es doch, mit Menschen zu arbeiten! Mit meiner ganzen Energie. Ich bin sehr dankbar dafür, dass ich stets die Kraft hatte, mit Mut und Durchsetzungsvermögen meine Träume zu verwirklichen!

Dank

Cordula Pflaum

Ich danke meiner Familie, Markus, Rike und Jule, die mir den Raum gab, meinen Traum zu verwirklichen.

Ich danke Heidi Friedrich, die es immer wieder geduldig geschafft hat, Emotionen aus mir herauszukitzeln und mit Geschick meine Erzählungen zu Papier brachte.

Ich danke Franziska Günther, die uns dabei unterstützte und half, das Buch in der Form zu realisieren, wie wir es uns vorgestellt hatten.

Ich danke dem Goldmann Verlag mit Karin Weber und ihrem Team, die in sehr angenehmer Zusammenarbeit gemeinsam dieses Projekt begleiteten.

Vielen Dank meinem Kollegen Michael Lamberty für sein Vertrauen und Unterstützung bei der Ausführung.

Ich danke Ralf und Doris, die mir immer wieder ihr Ohr leihen mussten und tolle Inputs für mich hatten.

Ich danke meiner lieben Kollegin Christina und ihrem Mann Robert, die immer für mich da waren und halfen, meine Emotionen und Gedanken bei diesem Projekt auszuhalten.

Ich danke Heiko Metzler, der mich trotz Einwände hat walten lassen, aber liebevoll auf mich aufgepasst hat.

Ich danke Ralf Lanwehr, der mir mit vollstem Vertrauen immer prompt unterstützend zur Seite stand.

Heidi Friedrich

Ich danke Cordula Pflaum für ihr Vertrauen in mich. Ich danke ihr auch dafür, dass sie Mädchen und Frauen in der ganzen Welt durch ihr Vorbild Selbstvertrauen und Zuversicht schenkt.

Ich danke Karin Weber und Doreen Fröhlich für ihr einfühlsames Lektorat.

Ich danke unserer Agentin Franziska Günther von »Graf & Graf« für ihre kompetente Betreuung.

Ich danke meinem geliebten Gisbert Dahmen-Wassenberg für seine Inspiration. Ich danke unserer Tochter Fritzi für jedes Mal, wenn sie in meine Arme fliegt. Beides beflügelt mich beim Schreiben.

Unsere Leseempfehlung

496 Seiten
Auch als E-Book
erhältlich

Als eine der ersten Frauen weltweit gründet Stephanie Shirley 1962 eine Softwarefirma, lange bevor Computerprogramme alltäglich wurden. Mit der Idee Software zu verkaufen, ging sie neue Wege. Doch niemand reagiert auf ihre Angebote - weil sie eine Frau ist. Erst als sie ihre Briefe mit ›Steve‹ unterschreibt, erhält sie gewinnbringende Aufträge. Die Firma, in der sie nur Frauen anstellt, floriert bald und ermächtigt eine ganze Generation Programmiererinnen in einer Männerdomäne. Ihre Biografie erzählt die eindrucksvolle und inspirierende Geschichte einer außergewöhnlichen Frau!